供应链视角下联合补货策略的纵向协同优化研究

瞿慧 著

中国水利水电出版社
www.waterpub.com.cn
·北京·

内容提要

本书围绕库存领域的经典问题——联合补货问题，分别从联合补货的优化模型（横向放松约束，纵向协同选址、配送决策）和求解算法两方面进行全面的文献梳理。在此基础上，结合现今企业运作特点，分别构建了4种基于联合补货策略的供应链协同优化模型，采用改进的差分进化算法进行求解。通过对优化结果的分析，得到重要的管理启示，为管理人员提供具有参考性的成本优化方案。

本书适合各大型零售企业、大型连续性生产企业、物流企业的管理人员，以及物流工程、物流与供应链管理、电子商务等相关专业及交叉学科的师生阅读。

图书在版编目(CIP)数据

供应链视角下联合补货策略的纵向协同优化研究 / 瞿慧著. —北京：中国水利水电出版社，2019.5 （2024.1重印）
ISBN 978-7-5170-7716-9

Ⅰ.①供… Ⅱ.①瞿… Ⅲ.①供应链管理－物资配送－研究 Ⅳ.①F252.14

中国版本图书馆CIP数据核字(2019)第103581号

书　名	供应链视角下联合补货策略的纵向协同优化研究 GONGYINGLIAN SHIJIAO XIA LIANHE BUHUO CELÜE DE ZONGXIANG XIETONG YOUHUA YANJIU
作　者	瞿慧　著
出版发行	中国水利水电出版社 (北京市海淀区玉渊潭南路1号D座　100038) 网址：www.waterpub.com.cn E-mail：sales@waterpub.com.cn 电话：(010) 68367658（营销中心）
经　售	北京科水图书销售中心（零售） 电话：(010) 88383994、63202643、68545874 全国各地新华书店和相关出版物销售网点
排　版	北京智博尚书文化传媒有限公司
印　刷	三河市龙大印装有限公司
规　格	170mm×240mm　16开本　10.75印张　202千字
版　次	2019年5月第1版　2024年1月第3次印刷
印　数	0001—2000册
定　价	58.00元

前言
FOREWORD

联合补货是一种有效的补货策略，能够通过分摊主要订货成本来降低供应链的运作成本。在全球采购的背景下，面对高额的配送成本，联合补货策略的应用价值越来越高。作为库存领域的关键问题，联合补货策略与配送策略以及配送中心选址策略紧密相连，相互影响。在互联网+时代，很多大中型的制造业、零售业逐步认识到资源整合利用对企业成本控制的关键作用，并在实际运作中联合同行或供应链上的合作者进行采购和运输资源的协同。例如，2016年，苏宁和天猫首次对部分商品进行了联合采购，以节约采购和管理成本；白云山等6家药企拟筹建联合采购平台。可见，基于联合补货策略对供应链上的其他决策问题进行集中优化对于企业决策具有很强的指导意义，但是目前由于建模的复杂性、高效求解方案设计的困难，导致联合补货策略下的纵向扩展问题研究偏少。因此，构建基于联合补货策略的纵向集成优化模型，并设计高鲁棒性、高效率的求解算法，具有重要的理论和现实意义。

本书围绕联合补货问题，协同供应链中的配送、选址策略，对其进行纵向扩展。结合已有研究和运作管理实际，分别构建了4种基于联合补货的协同优化模型。为了求解这 4 个 NP-hard 问题，设计了通用性高、易于实施的混合自适应差分进化算法。通过标准函数测试和 JRP 问题测试，验证了本书提出的混合自适应差分进化算法的有效性，为后续优化模型的求解提供方法上的支持。

首先，针对异质物品联合运输时会因运输设备的限制产生额外费用的现实，构建了带分组约束的联合补货与配送协同优化模型。算例分析部分，首先通过特例（惩罚费用为 0）对模型进行验证，再模拟现实运作（惩罚费用不为 0）。12 组问题分别随机生成 10 个问题对算法性能进行测试，算例结果证明混合自适应差分进化算法相比遗传算法在稳定性和鲁棒性方面具备更大的优势。

其次，克服联合补货—配送优化问题中未考虑车辆路径的不足，构建了带车辆路径的联合补货与配送协同优化模型。两种规模的算例分析，验证了混合自适应差分进化算法的有效性；与独立配送下的问题的对比分析，说明当中心仓库与客户之间的距离相对于各个客户之间的距离相差不大时，独立配送的效果更好；反之，联合配送的效果更好。

再次，重构了通用性强的确定需求下基于联合补货策略的选址—库存优化模型，首次使用混合自适应差分进化算法求解模型。设计 3 种不同规模的随机算例，从求解质量、运算时间和收敛速度方面分析算法性能，验证了算法的有效性以及求解大规模问题的优势。参数敏感性分析的结果说明选址策略的变化会直接影响补货策略；反之影响甚微。

最后，针对客户需求通常无法准确估计的现实，构建了随机需求下基于联合补货策略的选址—库存优化模型。在确定需求的基础上，扩大成本参数波动范围，进一步分析各种参数对决策的影响，为企业调节成本参数提供辅助支持。此外，为了分析联合补货策略的效果，对比分析独立补货策略下的优化模型，结果证明当配送中心数量大于1时，联合补货策略总是优于独立补货策略。企业可根据联合补货策略下节约的成本幅度合理选择补货方式。

本研究得到国家自然科学基金青年项目“联合采购策略下企业‘选址—库存—配送’低碳协同优化模型研究（71701064）”和教育部人文社会科学基金青年基金项目“低碳约束下供应链联合补货与协同配送集成优化问题研究（16YJC630099）”的资助，本书为项目阶段性研究成果。同时，感谢湖北工业大学及“工商管理申博学科软件建设费”对本书出版的大力支持。

作 者

2019 年 3 月

目录 CONTENTS

第1章 绪论

企业作为社会活动中的重要角色，既是单一的社会活动主体，又是社会活动中的一个节点。随着社会的不断发展，全社会资源的整合利用已逐步成为一种必然的发展趋势。这意味着企业单方面追逐个体利益最大化的理念应转换为全局利益最大化，站在供应链视角优化运作流程，以最低的价格获取最好的资源，共同分担部分成本。仓储作为承载商品流动的供应链网络中的一个关键环节，其与前端的生产、采购，后端的配送，以及战略层的选址都有着紧密的联系，这也成为企业界和学术界关注的焦点问题。

1.1 研究背景

在现实物流运作中，一个或多个企业的多个产品向同一供应商处订货是普遍存在的现象。随着交通工具的日益进步以及竞争的日益激烈，在全球范围内选择技术先进、价格合理、服务快捷的供应商，逐步成为一种发展趋势。在全球化采购的背景下，采购过程中涉及的固定订货成本（例如手续费、电信往来、人员差旅费、通过代理公司购买时每笔业务可观的中间费用等）和国际采购所需支付的运输费用会大幅度上升。这种情况下，联合补货（Joint Replenishment，JR）策略就成为一种非常有效的成本控制手段，不仅可以分摊固定订货成本，而且可以达成采购和运输的规模效应，享受供应商或运输企业在规模效应下提供优惠政策，为企业节约可观的费用。2015 年，中国联通和西班牙电信达成智能手机的联合采购合作协议，两家电信运营商能够以很高的性价比采购手机，增强了他们在中国、欧洲和拉丁美洲的市场竞争力；世界第二大零售商家乐福已在中国实施联合补货，其位于天津武清开发区的华北物流中心整合华北地区超市的采购需求，向上游供应商联合补货，并向下游超市进行统一配送。家乐福借此提高了与供应商的议价能力，降低了采购成本。2016 年，苏宁和天猫首次对部分商品进行了联合采购，以节约采购和管理成本；白云山等 6 家药企拟筹建联合采购平台。Wang 等（2012a）对国内某大型电力企业的备件采购的案例分析中指出，相对于 2007 年，联合补货策略可以为该企业节省约 550 万元的运作成本。可见联合补货策略在企业的实际运作中有广泛的应用价值，特别适合大型零售业以及连续型生产企业，例如，沃尔玛、家乐福超市的全球采购；大型水电行业备件的采购等。

此外，随着经济的不断发展与生产总量的逐渐扩大，为解决生产中大批量、少规格和消费中的小批量、多样化要求的矛盾，配送中心应运而生。在供应链中流通配送中心是货物从上游制造厂商/供应商至下游零售商/客户之间的中间储存据点，是集中和分散物资以促进货物迅速流转的仓库。因此，配送中心的位置、数量以及合适的配送策略的确定就显得尤为重要。合理选址可以在保证物品周转率的前提下，有效节省费用，促进生产和消费两种流量的协调与配合，保证供应链中物流系统的平衡。配送中心在减少交易次数和流通环节、减少客户库存、提高库存保证程度等方面发挥着重要作用，同时能产生规模效益，是现代电子商务活动中开展配送活动的物质技术基础。很多大型公司或者说专门从事物流服务的第三方物流企业都会进行配送中心选址战略决策。例如，京东商城和亚马逊等在全国各地建有自己的配送中心；专门从事物流服务的第三方物流公司例如顺丰速运有限公司等开始在现代物流运输中扮演重要角色。

在这种背景下，面对激烈的市场竞争和巨额的配送成本，很多大型连续生产企业迫切需要站在整个供应链视角下协同考虑运作层、战术层及战略层的各项决策，有效平衡物流活动中的各项成本（如补货成本、库存成本、选址成本、配送成本），达到整个供应链决策的最优化，避免独立考虑供应链中单一决策而产生次优化方案。考虑到联合补货策略在实际应用中发挥的重要作用，本书将围绕联合补货策略，力求对联合补货问题进行纵向扩展，研究联合补货策略与供应链其他层策略的协同优化问题。

1.2 研究目的与意义

选址、补货、运输是供应链中3个关键步骤，分别对应供应链管理中的不同决策层。当企业面临这3个关键问题时，具体应该采取何种策略，从什么角度出发进行考虑，是供应链管理领域研究的主要课题。企业现实运作中，这3个环节环环相扣，任何一个环节的决策均对其他环节的决策产生影响。

从整个供应链角度出发，在考虑整个供应链上的总成本时，协同考虑各个运作层的物流活动可以最大限度地避免决策的次优化。现有的理论研究和应用案例均表明，当企业向一个供应商采购多种产品（单一零售商，多产品）或者是多个零售商企业向同一个供应商采购单一产品时（单一产品，多零售商），采用联合补货策略可以节省订货准备费用，从而节省成本。而根据我国第三产业普查资料，我国交通运输、仓储代理和批发等行业的成本费用之和占国民生产总值的比重为15%左右。据估计在日常的商业活动中，运输费用已经占整个物流费用的一半以上。因此，站在供应链角度，在联合补货策略的基础上，纵向集成战略层的配送中心选址决策以及运作层的配送决策，具有十分重要的现实意义。在现实运作中，本书不仅对大型连续型生产企业备件存放点的选址决策、同一城市专营店的选址决策或同一金融机构 ATM 机选址决策等具有重要的借鉴意义，而且对于大型连续型生产企业而言，进一步探讨了更符合实际运作的配送策略。本书站在供应链角度，对多个配送中心的产品进行联合补货，避免以往因配送中心独自进行采购决策、配送过程中只考虑自身利益时导致的次优决策，优化整个供应链的总成本。此外，一个集团公司可能由集中的采购中心向多个配送中心供应，或者一个第三方公司为多个企业提供供应服务，这种较少被关注的multi-buyer（多买家）联合补货有着广泛的应用价值。

目前，从理论研究上看，尽管联合补货作为库存领域的关键问题，已经从理论和应用上被证实可以为企业带来可观的成本节省，但是基于联合补货策略的供应链集成优化问题的研究文献相对较少，已有的研究为了简化模型多假设需求确定不变、无资源约束或忽略配送路径等，假设条件过于苛刻，无法满足企业现实的需要。其主要原因，一方面是由于集成各个不同决策层的物流活动，在建模方面存在一定的难度；另一方面在于模型求解困难，联合补货模型已被证明是NP-hard问题，而基于联合补货策略的纵向拓展模型其复杂度和求解难度变得更高，寻找近似最优解是一项更艰难的工作，传统的求解方法又存在自身难以克服的缺陷。

在这种理论研究远远落后于现实需求的背景下，本书着力于在联合补货策略的基础上，从供应链视角出发，对选址、库存、配送等环节进行集成优化研究，构建基于联合补货策略的不同决策层协同优化模型；针对模型复杂、求解困难等特点，以目前广泛应用于求解类似优化问题的差分进化（Differential Evolution，DE）算法为突破口，从算法参数和算法融合两方面对 DE 算法进行改进，设计合理的求解方案对模型进行求解，进而分析联合补货策略对其他决策的影响及适用条件。

本书在理论上，将完善基于联合补货的供应链集成优化和差分进化理论研究。在应用上具有较强的实用价值，一方面可以提升差分进化算法的工程应用价值并拓展其应用领域；另一方面可弥补现有理论模型无法满足企业现实需求的现状，从供应链集成优化角度，为企业提供更优的辅助决策。

1.3 总体结构与主要内容

本书在 1.2 节研究目的与意义的指引下，基于 JR 策略分别结合供应链中的配送、选址决策对该问题进行纵向扩展，探讨更符合现实需求的供应链协同优化模型，并针对不同数学模型的性质选择合适的改进 DE 算法进行求解。本书分 4 个部分展开，结构框架如图 1.1 所示。

（1）第 1 部分为导论，由第 1 章、第 2 章组成。第 1 章主要给出了本书的研究背景、研究目的与意义、研究主要内容；第 2 章对相关文献进行梳理，综述联合补货及其扩展问题以及求解算法的研究现状。

（2）第 2 部分为求解算法改进研究，由第 3 章组成。该章节对

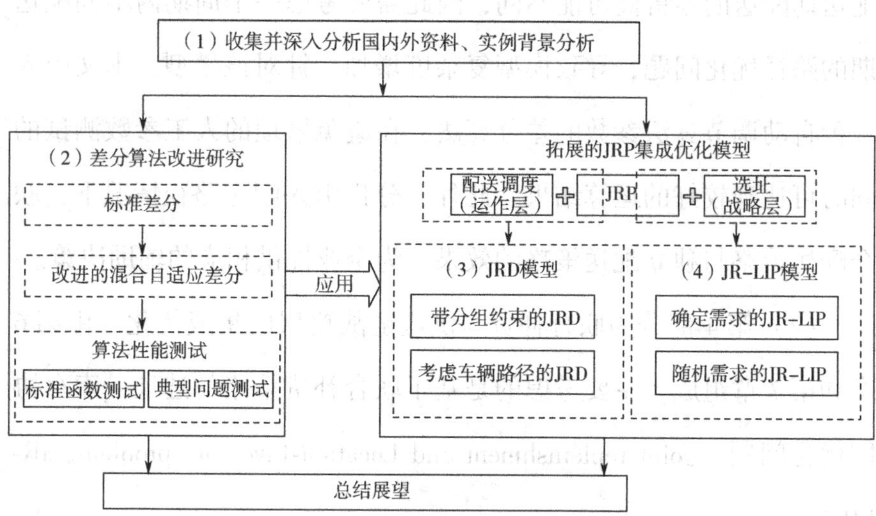

图 1.1　本书结构框架

目前广泛应用于联合补货问题求解的智能优化算法——差分进化算法进行改进。改进思路分别从差分进化算法的内在结构、算子优化等方面着手，使其在鲁棒性和效率方面获得更好的效果，以应用于更为复杂的基于联合补货策略的扩展问题。

（3）第 3 部分为联合补货与供应链运作层的集成优化，由第 4 章和第 5 章组成，主要考虑的是联合补货与配送（Joint replenishment and delivery，JRD）的集成优化问题。

第 4 章的 JRD 模型针对异质物品联合配送时可能需要额外的配送设备导致配送成本增加的情况，在模型中增加了分组约束，以协调各部分的成本。通过编码解码设计，利用改进的混合差分进化算法对该模型进行求解，实验结果验证了算法的有效性。

第 5 章的 JRD 模型加入了配送阶段的路径优化问题，由于不同配送期配送的零售商可能不同，因此需要考虑一个周期内不同配送期的路径优化问题，导致模型复杂度增加。针对该模型，本文引入一种自动调节算法参数的差分算法，在避免繁琐的人工参数测试的同时可达到较好的运算结果。此外，分析引入配送路径情况下，联合配送策略与独立配送策略的效果，为企业提供相应的辅助决策。

（4）第 4 部分为联合补货与供应链战略层的集成优化，由第 6 章和第 7 章组成，主要考虑的是基于联合补货策略的选址—库存协同优化问题（Joint replenishment and Location-Inventory problem，JR-LIP）。

第 6 章对现有的确定需求下的 JR-LIP 模型进行改进，提出了更灵活的模型，以便更智能地从众多备选点选择合适的配送中心，同时首次尝试用改进的差分进化算法求解该类模型。实验结果证明该算法能在更短的时间内获得有效的运算结果。

第 7 章放松第 6 章 JR-LIP 中需求确定且不变的假设，构建了随机需求环境下的 JR-LIP 模型，同时与独立补货背景下的选址—库存模型（Independent replenishment and Location-Inventory problem，IR-LIP）进行对比，得到了有效的管理启示。

第 8 章对全书进行总结，给出本书研究结论和成果，并探讨未来需进一步研究的问题。

第2章 联合补货问题及其求解算法

联合补货作为库存领域的一个经典问题，主要目的是为企业提供多个物品的补货策略，以平衡补货费用和库存费用。自 Starr 和 Miller（1962）和 Shu（1971）的研究以来，该问题受到了国内外学者的广泛关注。学术界关于 JRP 的理论模型研究主要集中在两个方面：①结合企业实际运作情况，逐步放松经典 JRP 的假设条件，使扩展的 JRP 模型更符合企业实际运作的需要；②结合供应链管理的思想，在基本 JRP 基础上纳入更多的参与方，考虑更多的供应链决策（如配送决策、选址决策等），构建扩展的 JRP 协同优化模型，寻求整个供应链的最优化。通过对现有文献的研究，首先按以下思路对联合补货问题进行介绍：①总结经典联合补货问题；②针对经典联合补货问题过于苛刻的假设条件，结合现实运作背景对联合补货问题的横向扩展问题进行分析。然后，介绍基于联合补货策略的供应链纵向集成优化问题。最后，对基于联合补货策略的供应链纵向集成优化模型的求解算法进行综述，在此基础上，重点介绍目前广泛应用于求解联合补货相关问题的智能优化算法——差分算法。

2.1 联合补货问题研究概述

2.1.1 经典联合补货问题

经典 JRP 最初起源于生产制造业的产品包装问题（Goyal，1974），后逐步应用到供应商—零售商/供应商—配送中心等不同供应链结构下的补货问题。经典 JRP 分为间接分组策略（有相同的补货间隔周期）和直接分组策略（有相同的基本补货间隔周期），其假设条件与 EOQ 模型类似，主要的系统成本结构以及假设条件见表 2.1。

表 2.1 经典 JRP 假设条件及系统成本结构

假设条件	系统成本结构	备注
①需求率：确定不变	①订货成本	主要订货成本
②成本参数：确定不变		次要订货成本
③资源约束：无任何资源约束	②库存持有成本	
④提前期为 0		
⑤不允许缺货		

对于经典 JRP 的研究，学者主要关注其求解方法。早期求解经典 JRP 的算法多为启发式算法，Khouja 和 Goyal（2008）中关于经典 JRP 的求解有详细的介绍。Silver（1976）提出了简单易操作的启发式算法，但是后来的学者通过大量的实验证明当问题规模较大时，该算法缺乏有效性。Kaspi 和 Rosenblatt（1991）在改进 Silver

（1976）的启发式算法的基础上，提出了比较经典有效的RAND算法。其后，又有很多学者不断提出新的启发式算法对决策变量的上下界进行修正（Hariga，1994；Viswanathan，1996；Fung et al，2001；Porras et al，2006）。Silver（2004）对现有的求解JRP问题的启发式算法进行了详细的讨论。Nilsson 等（2007）提出了一种新的迭代式启发式算法求解JRP，并与早前的启发式算法进行了比较。由于启发式算法需要对数学模型的数学性质进行分析，以找到特定问题的启发式规则，因此设计比较复杂。随着进化算法的出现，因具有全局的搜索能力，并且可以从任一可行解出发，在可接受的时间范围内找到近似最优解。Khouja 等（2000），Olsen（2005），Hong 和 Kim（2009）用遗传算法（GA）对JRP问题进行求解，验证了遗传算法求解JRP问题的可行性。由于决策变量的界限对算法效率有很大的影响，很多学者在采用进化算法求解模型时，会推导决策变量界限（Khouja et al，2000；Cha et al，2005；Wang et al，2012b；Goyal，1973）或推导决策变量最优值满足的条件（Cha et al，2008；Wang et al，2013a）来缩小算法的搜索空间，进一步提高算法的效率。可见，进化算法的应用研究获得了广大学者的广泛关注。

2.1.2 扩展的联合补货问题

现实运作中，企业在进行采购时通常会有采购资金的限制，而仓库和运输能力（Buyukkaramikli et al，2014）往往也存在限制。此外，物品的单位库存成本、主要订货成本、次要订货成本等成本参数并不好准确获取；物品的单位价值也受采购数量的约束，当物品采购量较大时，供应商往往会为采购方提供价格折扣。在这种现实背景下，假设条件过于苛刻的经典 JRP 模型不太符合企业实际需要，因此，学者们逐步放松经典 JRP 的假设条件，对其进行扩展，以模拟更为合理的物流运作系统。对表 2. 1 中的假设条件进行放松，可以得到不同版本的扩展 JRP。

Khouja 和 Goyal（2008）对1989—2005 年有关 JRPs 问题研究的文献进行了全面的综述。本节在 Khouja 和 Goyal（2008）的基础上，结合2005 年以后的有关 JRPs 的研究情况，对一些典型的 JRPs 的扩展特点进行了汇总，见表 2. 2。

表 2. 2　现有典型扩展 JRPs 特点分析

<table>
<tr><th colspan="2">扩展标准</th><th>主要文献</th></tr>
<tr><td rowspan="2">①放松需求假设</td><td>动态需求</td><td>Wagner 和 Whitin（1958）；Silver（1979）；Arkin 等（1989）；Joneja（1990）；Boctor 等（2004）；Narayanan 和 Robinson（2006）；Kao（1979）</td></tr>
<tr><td>随机需求</td><td>Atkins 和 Iyogun（1988）；Eynan 和 Kropp（1998）</td></tr>
<tr><td rowspan="4">②有资源约束</td><td>资金约束</td><td>Moon 和 Cha（2006）；Hoque（2006）；欧阳强国 等（2010）</td></tr>
<tr><td>存储能力约束</td><td>Hoque（2006）；欧阳强国 等（2010）</td></tr>
<tr><td>运输能力约束</td><td>Hoque（2006）</td></tr>
<tr><td>分组约束</td><td>Olsen（2008）；Wang 等（2012b）；贺靖（2010）</td></tr>
<tr><td rowspan="2">③放松成本参数假设</td><td>模糊的成本参数</td><td>Yao 和 Lee（1996）；Handfield 等（2009）；Wang 等（2012c）；王林 等（2011b）</td></tr>
<tr><td>供应商提供数量折扣</td><td>Cha 和 Moon（2005）；Moon 等（2008）</td></tr>
<tr><td colspan="2">①+②</td><td>Erenguc 和 Mercan（1990）；Federgruen 等（2007）；Minner 和 Silver（2005）；Eynan 和 Kropp（2007）；王林 等（2011a）</td></tr>
<tr><td colspan="2">①+③</td><td>Dutta（2007）；Kao 和 Hsu（2002）；李成严 等（2008）</td></tr>
<tr><td colspan="2">②+③</td><td>Wang 等（2013a）；Moon 等（2008）</td></tr>
<tr><td colspan="2">①+②+③</td><td>……</td></tr>
</table>

从表2.2中总结的典型JRPs可以看出：①很多文献在对JRP问题进行扩展时，通常是同时放松几种不同类型的假设，使构造的模型更符合企业实际需求。但是另一方面，放松的假设条件过多，会导致数学模型的性质更加复杂，使原本就为NP-hard问题的扩展问题在求解时，对求解算法的要求更高，如果无法在可接受的时间内获得可接受的近似最优解，那么构造的模型将无用武之地。②目前有关JRP的研究，基本上覆盖大部分实际运作问题，在JRP模型改进上基本达到饱和状态，后续如果要继续对JRPs相关问题进行研究，只能从求解算法上有所突破。③JRP作为运作层与战术层的混合决策问题，可以从供应链角度，将JR策略与运作层的其他策略以及与战略层的决策进行融合，对供应链问题进行协同优化，构建供应链视角下的基于JR策略的协同优化模型，为企业决策提供更优的联合决策。

2.2　基于联合补货策略的供应链协同优化研究

从企业运作时间维度考虑，根据不同的决策对企业运作影响的深远程度，一般将相关的决策分为3个层次：运作层、战术层、战略层。JRPs融合了运作层与战术层决策问题，有关JRPs的研究文献已经证实，当采购多种物品时，JR策略是一种有效节约成本的采购方式（Porras and Dekker，2008）。但是，当站在整个供应链的角度，对供应链总成本进行分析时，JR 策略是否总是能够获得好的效果，如何将 JR 策略与供应链中不同层次的其他决策问题进行整合，是值得深思的问题。根据目前已有的文献，基于 JR 策略的供应链集成优化，主要包括两个方面：①与运作层决策的协同优化；②与战略层决策的协同优化。下面，将分别对这两类基于 JR 策略的供应链协同优化文献进行分析。

2.2.1 与运作层的协同

目前有关联合补货与运作层的协同决策主要是与配送决策（配送路径、配送频率、配送量等）的集成，在两层或三层供应链网络结构下，对采购、库存及配送决策进行集成优化。

1. 两层供应链结构的 JRD

Qu 等（1999）考虑由一个中心仓库和多个供应商组成的两级供应链结构的进站（inbound）式联合补货问题。中心仓库向各个供应商收集需要补货的产品需求信息，在有产品需要补货时进行取货产生运输配送行为。模型假设在配送时车辆容量无限（即 TSP 问题），需求随机且允许缺货，故该文的总成本结构中考虑到了缺货成本。文中设计了高效的启发式算法进行求解。Wang 等（2012d）对 Qu 等（1999）的文章进行了扩展，在对数学模型进行分析的基础上，利用决策变量的数学性质消除了一组决策变量（各种物品的安全库存水平），简化了数学模型，同时，提出了一种高效、易操作的混合差分进化算法对模型进行求解。在此基础上，Wang 等

(2013c) 考虑到现实中难以准确确定各项成本参数的情况，研究了不确定环境下，利用模糊理论描述不确定参数的可行性及有效性。Wang 等 (2013e) 考虑到企业运作时，通常需要兼顾多个目标的特点，构建了总成本最低和服务水平最高（最小缺货量）的多目标随机需求的 JRD 模型。Cui 等 (2014) 将 RFID 技术引入 Qu 等 (1999) 的 JRD 模型中，对 RFID 技术的投资进行了评价，结果证明 RFID 技术的引入可以为企业节省成本。Sindhuchao 等 (2005) 研究了确定的静态需求下，中心仓库派遣车辆从供应商处进行取货的进站式物品采购与收集的调度问题，文中考虑了车辆的能力限制。这 3 篇文献，考虑的配送决策主要是确定车辆的配送路径，其取货频率均是在需要补货时产生配送调度行为。Kang 和 Kim (2010) 分析了需求服从符合泊松分布的由一个供应商和一个零售商组成的两层供应链结构的 JRD。

2. 三层供应链结构的 JRD

Cha 等 (2008) 研究了一个由供应商—中心仓库—零售商组成的三级供应链结构的 JRD 问题。中心仓库向分散在不同地理位置的多个供应商订货以满足下游零售商的需求，并将货物配送到各个零售商。该模型中没有考虑配送路径问题，而是考虑配送频率和配送量。模型中定义了一组整数决策变量——配送频率 f_i，在补货期内将需要补货的量分成 f_i 次进行配送，配送间隔为补货间隔/f_i，配送量则为补货量/f_i。文章首先设计了一个基于改进 RAND 的简单算法和 GA 对无资源约束的 JRD 模型求解，在此基础上，提出了有资源约束的 JRD 模型，并给出了求解方案，算例结果证明 GA 在求解 JRD 模型时有良好的可扩展性。Cha 和 Park（2009）对 Cha 等（2008）的模型进行扩展，考虑了物品补货时的数量折扣问题，对基本补货周期 T 满足的最优条件进行了推导证明，并利用 GA 对该模型进行求解。Liu 等（2018）进一步对模型进行扩展，不仅考虑了数量折扣，还加入了运输容量约束，并通过启发式算法对模型中的决策变量上下界进行了推导，提出了有效的求解方案。Qu 等（2013）则在 Cha 等（2008）构建的模型基础上，考虑到不同性质的物品在同时运输/配送时，要增加额外的配送设备（如冷冻装置）或者两类物品完全不能一起运输（如化学类物品和食品），对 Cha 等（2008）中的假设条件进行放松，在模型中增加了采购和配送阶段的运输惩罚费用，并利用改进的自适应差分进化算法对模型进行求解。实验结果验证了模型的准确性以及所提出算法的有效性。以上文献主要针对现实中的各种约束对模型进行改进。

Moon 等（2011）、Cui 等（2015）则是对 Cha 等（2008）中的配送策略进行改进，构建更符合实际运作、高效的协同配送策略。Moon 等（2011）在每个配送循环周期的最后阶段考虑了拼货的问题，构建了一个新的 JRD 模型。该模型中配送间隔期不一定全部相同，这样可以利用 cross-docking（交叉配送）的好处。Cui 等（2015）提出将配送间隔相同的物品分在一个组进行协同配送，同时考虑了配送中的车辆路径成本。基于该模型，崔利刚 等（2018）进行了 RFID 投资评价研究。

以上文献在建模时，均假设需求、各种成本参数为确定的，假设条件过于苛刻。Wang 等（2013b）考虑到现实生活中往往很难准确评估各项成本，但是能根据经验大致确定各项成本的范围情况，引入了模糊理论，利用模糊隶属度函数来刻画无法准确确定的参数，研究了模糊环境下的 JRD 问题。

为了更清晰直观地了解目前 JRD 的研究现状，表 2.3 对现有的 JRD 模型需求、运作特点比对进行了汇总分析。

表 2.3　现有典型的 JRD 模型需求、运作特点对比

论　文	系统构成	需求类型	运作特点
Viswanathan 和 Mathur（1997）	1 个中心仓库—n 个供货商之间的库存—运输	确定的静态需求	中心仓库无库存，分别考虑有无运输能力约束的情况；一种物品只由单一供应商供应
Qu 等（1999）	一个中心仓库和多个供货商	随机需求	中心仓库持有库存，库存车辆容量无限，允许缺货；中心仓库负责补货和取货（进站式）；一种物品只由单一供应商供应
Sindhuchao 等（2005）	n 个供货商—1 个中心仓库（有库存）—n 个供货商之间的库存—运输	确定的静态需求	运输能力约束和运输频率约束，不允许缺货，中心仓库持有库存并负责补货；一种物品只由单一供应商供应
Cha 等（2008）	n 个供货商—1 个中心仓库—n 个零售商	确定的静态需求	中心仓库负责补货和交付，中心仓库和零售商都持用库存；一种物品只由单一供应商供应；分批次配送
Moon 等（2011）	n 个供货商—1 个第三方中心仓库—n 个网上用户	确定的静态需求	中心仓库持有库存并负责交付（平稳和准平稳货物交付策略）；一种物品只由单一供应商供应；分批次配送，考虑拼货
Wang 等（2012d）	一个中心仓库和多个供货商	随机需求	中心仓库持有库存，库存车辆容量无限，允许缺货；中心仓库负责补货和取货（进站式）；一种物品只由单一供应商供应
Qu 等（2013）	n 个供货商—1 个中心仓库—n 个零售商	确定的静态需求	中心仓库负责补货和交付，中心仓库和零售商都持用库存；一种物品只由单一供应商供应；分批次配送

续表

论　文	系统构成	需求类型	运作特点
Wang 等（2013b）	n 个供货商—1 个中心仓库—n 个零售商	确定的静态需求	中心仓库负责补货和交付，中心仓库和零售商都持用库存；一种物品只由单一供应商供应；分批次配送；单位次要订货费用、库存持有费用均为模糊数
Wang 等（2013c）	一个中心仓库和多个供货商	随机需求	中心仓库持有库存，库存车辆容量无限，允许缺货；中心仓库负责补货和取货（进站式）；一种物品只由单一供应商供应；单位次要订货费用、库存持有费用以及缺货费用均为模糊数
Wang 等（2013e）	一个中心仓库和多个供货商	随机需求	中心仓库持有库存，库存车辆容量无限，允许缺货；中心仓库负责补货和取货（进站式）；一种物品只由单一供应商供应
Cui 等（2015）	n 个供货商—1 个中心仓库—n 个零售商	确定的静态需求	中心仓库负责补货和交付，中心仓库和零售商都持用库存；一种物品只由单一供应商供应；分批次分组配送
Liu 等（2018）	n 个供货商—1 个中心仓库—n 个零售商	确定的静态需求	中心仓库负责补货和交付，中心仓库和零售商都持用库存；一种物品只由单一供应商供应；分批次 one-to-one（一对一）配送；有运输容量限制和数量折扣
崔利刚 等（2018）	n 个供货商—1 个中心仓库—n 个零售商	确定的静态需求	中心仓库负责补货和交付，中心仓库和零售商都持用库存；一种物品只由单一供应商供应；分批次分组配送；考虑 RFID 投资问题

从表 2.3 可以看出，目前有关 JRD 的研究特点如下：① 模型构建在需求假设上多为确定的静态需求、随机泊松分布或随机正态分布；② 在配送策略上，主要有一次性配送物品的总补货量、分批次均分总补货量进行一对一配送、分批次允许最后批次拼货配送、分批次分组进行协同配送；③ 物品的供应基本为单一物品单一供应源。

2.2.2 与战略层的协同

随着物流行业发展的逐步成熟，配送中心或第三方物流逐渐兴起，而配送中心的选址问题就成了企业急需解决的问题，其决策对企业长期运作有深远的影响，是与供应链管理关系比较紧密的战略层决策问题。目前学术界有关选址问题的研究已经很多，但是由于供应链管理中众多的决策之间是相互影响的，从供应链管理角度看，单独考虑某一层的决策通常会导致次优决策。因此，大量的学者开始致力于对各种类型的决策进行协同优化，目前的研究主要包括选址—路径问题（Location Routing Problem，LRP）、选址—库存问题（Location Inventory Problem，LIP）、或选址—库存—路径问题（Location Inventory Routing Problem，LIRP）。根据本书选题，本节主要对 LIP 相关研究进行分析。

尽管 JR 已经被证实在多物品采购，特别是全球采购模式中是平衡库存费用与采购费用的有效策略，但是由于其本身已被证实为 NP-hard 问题（Arkin et al.，1989；Krarup and Pruzan，1983）。当与选址问题结合时，其数学性质更为复杂，目前相关的研究比较少，现有的大部分有关 LIP 问题的研究均假设库存盘点策略为连续性盘点或给定有限集合的周期盘点。Teo 等（2001）构建了一个 LIP 模型，但是忽略了从配送中心到零售商处的运输费用。Daskin 等（2002）构建了一个包括选址费用、库存相关费用、从供应商到配送中心的运输费用以及从配送中心到零售商的配送费用的 LIP 模型，并利用拉格朗日松弛算法对该模型进行求解。Shen 等（2003）研究了与 Daskin 等（2002）类似的 LIP 问题，但是在对模型进行求解时，通过重构，将模型转换为一个覆盖集模型，并利用列生成算法对重构后的模型进行了求解。在 Daskin 等（2002）和 Shen 等（2003）研究的基础上，很多学者加入该问题的研究，并陆续提出了一些新的求解算法（Shu et al.，2005；Shen and Qi，2007；Snyder et al.，2007；Ozsen et al.，2008）。

以上文献在研究 LIP 时均假设库存盘点方式为连续性盘点方式。Berman 等（2012）将周期盘点方式引入 LIP 问题中，但是在求解时，作者预先给定了有限的盘点周期，将盘点周期作为模型的已知参数，简化了模型的求解。作者在文章中指出周期盘点方式比连续盘点方式更加容易协同，并且集成 JR 策略是 LIP 问题未来研究的一个可能方向。Silva 和 Gao（2013）首次建立了基于 JR 策略的 LIP 模型，作者提出了一个两阶段方法对该模型进行求解。第一阶段，利用贪婪的随机自适应搜索来确定选址决策；第二阶段，基于第一阶段得到的选址决策，求解相应的 JRP 问题。Wang 等（2013d）在 Silva 和 Gao（2013）的基础上，定义了一个新的决策变量——最大的配送中心数量，对模型进行了改写，同时提出了一种新的智能优化算法对模型进行求解。实验结果表明，所提出的智能优化算法在改进后，性能有所提高，并且其运算速度优于 Silva 和 Gao（2013），具备更优的鲁棒性。Qu 等（2015）探讨了随机需求下，基于 JR 策略的 LIP 模型，并与独立补货策略下的 LIP 决策进行对比，分析了不同成本参数对协同优化决策的影响程度。

2.3　基于联合补货策略的供应链纵向集成优化问题求解算法

2.3.1　现有求解算法概述

1. 优化问题及求解

优化是科学研究、工程技术和经济管理等领域的重要研究工具，其研究问题是讨论在众多的方案中寻找最优方案（张丽平，2005）。这一技术，在人类活动的各个领域中有着广泛的应用，对于企业决策有着至关重要的作用。

优化包括寻找最小值和最大值两种情况（陈宝林，1989），针对不同的研究问题，优化问题的目标函数种类繁多，有的是线性的，有的是非线性的；有的是连续的，有的是离散的；有的是单峰值的，有的是多峰值的。如果再加上约束条件，问题则更为复杂。因此，对于复杂的现实问题，利用精确算法，例如枚举法，要想在可接受时间范围内完全精确地求出其全局最优解是不可能的，因而求出其近似最优解或满意解成了优化问题研究的着眼点之一。目前，除了传统的精确算法，求解最优解或近似最优解的方法主要有传统启发式算法和现代启发式算法（metaheuristic，元启发式算法）。

（1）传统启发式算法。寻求一种能产生可行解的启发式规则，以找到一个最优解或近似最优解。该方法的求解效率虽然比较高，但对每一个需要求解的问题都必须找出其特有的启发式规则，这种启发式规则无通用性，不适合于其他问题。对于复杂的数学问题，其可操作性相对较弱。

（2）现代启发式算法。metaheuristic 一词由 Glover（1989）首次使用，目前没有一个公认的定义。现代启发式算法的一个重要思想就是多样化搜索（diversification）和集中搜索（intensification）之间的动态平衡机制。多样化搜索是探索（exploration）搜索空间，而集中搜索则是利用搜索过程累积的经验知识在特定的区域进行深度发掘（exploitation）。这种搜索策略一方面可以快速地探索搜索空间中包含高质量解的区域，另一方面又能避开以前探索过的或者不能发现高质量解的区域发掘高质量解。

目前，一些典型的现代启发式算法，如遗传算法（GA）、模拟退火算法（SA）、蚁群算法（ACA）、进化算法（EA）、禁忌搜索算法（TS）等，已广泛应用于计算机科学、优化调度、运输问题、组合优化、工程优化设计等领域（丛明煜，王丽萍，2003）。由于现代启发式算法是基于生物学、物理学和人工智能等知识而兴起的，因此，鉴于分类的不同，部分现代启发式算法也属于仿生算法和智能优化算法（王凌，2001）。

2. 基于 JR 策略的纵向扩展问题求解算法

经典 JRP 是物流领域一个重要的组合优化问题，且已经被证明是 NP-hard 问题，其扩展模型则更为复杂，传统的精确算法如枚举法，已经不能满足求解的需要。由于现代启发式算法能在可行时间内获得较高质量的近似最优解，其应用价值逐步得到学者的重视，特别是基于群体智能的进化算法在现有基于 JR 策略的供应链纵向集成优化问题的求解中发挥了举足轻重的作用。

从 2.2 节的文献综述中已经了解，目前基于 JR 策略的战略层协同优化问题研究甚少。本节在 2.2 节对基于 JR 策略的运作层协同优化问题研究综述的基础上，简要概述现有典型 JRD 模型求解算法。表 2.4 对现有典型的 JRD 模型目标函数及其求解方法进行了汇总。

表 2.4　现有典型的 JRD 模型目标函数及其求解算法

文　献	目标函数	求解方法
Viswanathan 等 Mathur（1997）	单目标：总成本最小（库存与运输成本）	启发式算法（2n 策略）
Qu 等（1999）	单目标：总成本最小（中心仓库的库存成本、产品缺货成本、产品配送成本和联合补货的补货成本）	启发式分解模型
Sindhuchao 等（2005）	单目标：最小化长期平均成本（库存 + 运输费用）	大规模邻域搜索算法
Cha 等（2008）	单目标：总成本最小（中心仓库的联合补货成本、库存成本、向零售商的配送成本以及零售商的库存成本）	改进 RAND 算法和 GA
Moon 等（2011）	单目标：总成本最小（中心仓库的联合补货成本、库存持有成本、运输费、客户等待成本）	改进的 RAND 算法和启发式算法
Wang 等（2012d）	单目标：总成本最小（中心仓库的库存成本、产品缺货成本、产品配送成本和联合补货的补货成本）	混合差分进化算法（HDE）
Qu 等（2013）	单目标：总成本最小（中心仓库联合补货成本、库存持有成本、向零售商的配送成本、零售商的库存成本、配送惩罚成本）	自适应混合差分进化算法（AHDE）

续表

文　献	目标函数	求解方法
Wang 等（2013b）	单目标：总成本最小（中心仓库的联合补货成本、库存成本、向零售商的配送成本以及零售商的库存成本）	差分进化算法（DE）
Wang 等（2013c）	单目标：总成本最小（中心仓库的库存成本、产品缺货成本、产品配送成本和联合补货的补货成本）	改进的自适应差分进化算法（MA-DE）
Wang 等（2013e）	多目标：①总成本最小（中心仓库库存成本、产品配送成本和联合补货成本）；②缺货量最少	混合差分进化算法（HDE）
Cui 等（2015）	单目标：总成本最小（中心仓库联合补货成本、库存持有成本、配送路径成本、零售商库存成本）	量子进化算法（QEA）、差分进化算法（DE）、量子差分进化算法（QDE）
Liu 等（2018）	单目标：总成本最小（中心仓库联合补货成本、库存持有成本、出站配送成本、零售商库存成本、带数量折扣的物品价格成本）	改进的 RAND 算法、禁忌搜索算法（Bound-Tabu search，B-TS）
崔利刚 等（2018）	单目标：总成本最小（基于效率提升下的订货成本、库存成本和顾客等待成本；RFID 订货效率提升投资成本和配送效率提升投资成本）	差分进化算法（DE）

从表 2.4 中可以看出，基于 RAND 的启发式算法和进化算法（智能优化算法）是用于求解 JRD 模型的典型算法，其中 GA 和 DEs 是广泛用于 JRD 模型求解的两种智能优化算法。在以上求解算法中，Wang 等（2012d）通过对比分析，指出 HDE 相对于 Qu 等（1999）中的启发式分解算法，HDE 能获得更低的系统成本且找到近似最优解的稳定性更好。此外，陈璨（2011）对比了 AHDE 与改进的 RAND 算法求解 JRD 模型的性能进行比较后，证明了 AHDE 算法在求解 JRD 模型时，稳定性更好。

鉴于以上分析，结合本书研究内容，下面主要对 DE 算法现有研究现状和应用进行综述，通过分析汇总进一步探讨 DE 算法的改进方案，以更好地应用到基于 JR 策略的供应链纵向集成优化问题。

2.3.2 差分进化算法研究综述

由 Storn 和 Price（1997）提出的 DE 算法因其算法机理简单易实施，且易于与其他算法融合，在 JRP 及其扩展问题的求解中发挥了重要作用。本节将分别从 DE 算法的应用和改进两方面进行综述。

1. DE 算法及其应用

目前 DE 已在诸多行业得到广泛应用，如机器人设计、信号处理、神经网络训练（Du et al，2007）、电力分配优化（Varadarajan et al，2008）、银行评级（Krink et al，2007）、工作调度（Pan et al，2009）、多目标问题优化（Qian et al，2008）、预测模型分析（Wang et al，2014；Wang et al，2015）等。作为一种新兴的基于群体智能的现代启发式算法，DE 在解决非线性连续优化、组合优化和混合整数非线性等各种优化问题的优势得到了充分的体现。在混合整数非线性规划问题求解方面，吴亮红 等（2007）在差分进化算法的变异操作中加入取整运算，同时采用时变交叉概率因子的方法以提高算法的全局搜索能力和收敛速率，提出了一种有效求解各种混合整数非线性规划问题的改进差分进化算法。在离散优化方面，Onwubolu 和 Davendra（2006）利用前向转化机制将整数变量转化为便于 DE 处理的连续变量，利用后向转化机制将连续变量转化为可以进行目标评价的整数量，用于解决 Flow shop 问题，取得良好的效果。Wang 等（2007）设计了一种基于动态分类的差分计划算法来解决全局优化问题，并用 28 个典型问题验证了算法的准确性和收敛速度。

另外，函数优化是对新算法评价的有效手段。在 1996 年举行的第一届国际 IEEE 进化优化竞赛上，会议对各种优化方法进行了现场验证，在函数优化方面 DE 被证明是最快的进化算法。对于一些非线性、多峰性、多目标和有约束的函数优化问题，当其他优化方法很难求解时，DE 算法可以方便地得到较好的结果（Chang and Kwan，2005；胡中波 等，2007）。作为一种新兴的、易实施的且非常有潜力的进化算法，DE 算法在求解大规模复杂随机优化问题上具有其他方法不可比拟的优点。随着研究的深入，DE 理论将更加完善，其实用性大大增强，应用领域也将逐渐扩大。

2. DE 算法的改进

鉴于 DE 算法的各种优点以及应用领域的不断扩大，很多学者开始致力于对 DE 算法的进化机理进行研究，在此基础上对 DE 算法做进一步改进，使其在鲁棒性及效率上获得更好的效果。DE 算法的改进，主要从两个方面入手：对 DE 算法本身的结构进行改进；取长补短，融合其他智能算法的优势。

（1）DE 结构改进。Neri 和 Tirronen（2010）选取 24 个标准测试函数对目前 DE 算法的改进进行了综合全面的分析。通过对比实验结果，作者指出在对 DE 结构进行改进的几种算法中，Brest 等（2006）提出的自适应参数的 DE（self-adapting parameters of DE, jDE）是最简单且有效的改进方案。该改进策略将 DE 算法中的交叉因子和变异因子与经典 DE 算法中的染色体混合，形成新的染色体结构，增加了随机扰动，有利于跳出局部最优解，而且该改进可以免去针对特点问题依靠人工试验操作选择变异因子和交叉因子的过程。

（2）算法融合。Chiou 等（2005）利用蚁群搜索算法，实时地从多种变异算子中为 DE 选择合适的变异操作算子，以加速算法的寻优过程。He 等（2008）将 GA 和 SQP 融合到 DE 算法中，但是该混合算法在求解复杂的实际问题时，不便于实施。由于经典 DE 算法的选择操作是一对一的竞争策略，该操作容易将相对好的解排除出下一代，Lin（2010）将 GA 算法中的轮盘选择法融入 DE 算法中。而 Wang 等（2012d）则将 GA 算法中的截断选取法整合到 DE 算法中，该选择操作既避免了排除较好解的弊端，也便于实施。算例结果也验证了该混合 DE 算法的有效性和易操作性。随着量子计算的兴起，最新的与 DE 算法进行融合的混合算法为量子差分进化算法（quantum-inspired differential evolution algorithms，QDEs）。尽管一个具有 n 比特的量子系统可以代表 $2n$ 个个体状态，进化算法的参数——种群规模可以很小，甚至一个个体（Zhang，2011），但是，由于量子计算的特殊性，该混合算法比较适合求解背包问题以及函数优化问题（Su and Yang，2008；Xu and Guo，2010；Pat et al，2011；Zheng and Yamashiro，2010；Cui et al，2013），对于复杂的实际问题，在编码、解码过程中很难设计有效的映射机制。

2.4 本章小结

现有文献中大量的数值算例和实证分析已经证实了 JR 策略在当今物流业强劲发展的时代，对企业运营决策具有重大的现实意义，可以带来可观的费用节省。而从供应链角度，将 JR 策略与其他供应链决策协同优化，则具备更强的理论与实际意义。

以上三部分的文献分析，使我们对现有的 JRPs 模型构建特点、求解算法，以及基于 JR 策略的供应链协同优化问题的研究有了比较细致的了解。

（1）目前有关 JRP 问题的应用研究已经比较成熟，现有模型基本覆盖了各种现实问题，该问题的研究框架可以作为后续基于 JR 策略的供应链协同优化问题的扩展参考。

（2）目前对 JRD 的研究尽管有了一定的文献基础，但是多数研究都是假定每类物品供应源单一，需求和补货提前期是确定的，且基本都是研究总成本单一目标，此外采取的配送策略比较单一，实际应用价值非常有限。

（3）JR-LIP 作为供应链不同层（运作层、战术层及战略层）的协同优化决策问题，尽管吸取了 JR 策略的优势，而且兼顾了更多的决策问题，更符合实际需求，可尽量避免独立决策时的次优化决策，但是由于其模型的复杂度及求解方面的局限性，目前无论在模型构建还是求解算法上的研究都严重不足。当 JR 策略与供应链的其他决策问题同时考虑时，基于 JR 策略的优化决策是否总能获得较好的效果？如果不是，在何种情况下，适合采取 JR 策略？都是值得研究的。

（4）JRD 及 JR-LIP 模型求解方面，除了智能优化算法 GA 和 DEs，RAND 算法在各种启发式算法中是应用最广泛的，但是 DEs 相对于 GA 和 RAND 在求解复杂优化问题时，具备更强的通用性，也更易于实施。此外，改进的 DEs 相较 RAND 算法，具备更好的稳定性。而很多新兴的优化算法目前多停留在函数优化方面，缺乏应用研究，算法改进和算法设计方面也有待进一步研究。

（5）DE 算法及部分改进的 DE 算法在 JRPs 及 JRDs 的求解上表现了良好的性能，其应用领域得到了很大的扩展。针对更复杂的协同优化问题，其应用效果有待进一步研究。此外，应用于 JRPs 及 JRDs 的 DEs 算法，由于算法参数不具备通用性，针对不同的问题，需要反复进行参数测试以选择合适的算法参数，在问题规模较大时，DE 算法陷入局部最优解而无法跳出的可能性增大。因此，如何结合 DE 算法本身的机理及其他智能算法，增加 DE 参数的随机扰动性，构造简单实用的新算法尚需进一步深入研究。

本着循序渐进的原则，本书涉及的研究问题均以单一目标（系统总成本最低）进行优化，分别研究 4 类扩展 JRP 问题：带分组约束的 JRD 问题、带车辆路径的 JRD 问题、确定需求的 JR-LIP 问题以及随机需求的 JR-LIP 问题，探讨不同情形下的优化决策。第 3 章将首先通过标准函数（Benchmark）测试和典型 JRP 算例验证改进 DE 的可行性，为后续该算法的应用研究提供理论支持。

第3章 差分进化算法改进及其性能测试

本章首先介绍标准差分进化（differential evolution，DE）算法（本书中均以DE代表标准差分进化算法）；然后在总结现有的用于求解JRPs、JRDs的改进DE算法的基础上，结合DE算法的进化机理，设计了一种将算法参数融合在染色体中的混合自适应差分进化（hybrid self-adaptive differential evolution，HSDE）算法；最后通过典型函数对改进的HSDE的性能进行测试并分析总结。

3.1 标准差分进化算法

差分进化（DE）算法由Storn和Price（1997）提出，是一种随机的并行搜索算法，可对非线性不可微连续空间函数进行最优化。归纳起来，该算法具有以下优点：①算法通用，不依赖于问题信息，所需调节的参数较少；②原理简单，容易实现；③群体搜索，具有记忆个体最优解的能力；④协同搜索，具有利用个体局部信息和群体全局信息指导算法进一步搜索的能力；⑤易于与其他算法混合，构造出具有更优性能的算法（王林 等，2011c；Wang et al，2012d）。因此对DE算法进行理论探讨和应用研究具有重要的学术意义和工程价值。

DE算法包含3个基本的运算：①变异；②交叉；③选择。三个运算只是实施机理有所不同。为了方便描述，表3.1给出了本书对算法进行描述时所需使用的符号及意义。

表3.1 DE算法描述所需符号及意义

符 号	意 义
N_p	**算法的控制参数**——种群规模：代表种群中的个体（染色体）数量
N_d	染色体的维度（该维度由特定问题的编码方式确定）
Gen$M$	进化代数，确定算法是否终止的参数
x_t^G	目标向量，代表第G代种群中第t个个体，$G\in[1,2,\cdots,\text{Gem}M]$，$t\in[1,2,\cdots,N_p]$
v_t^G	变异向量，代表第G代种群中第t个个体的变异向量
u_t^G	试验向量，代表第G代种群中第t个个体的试验向量
F	**算法的控制参数**——变异因子
CR	**算法的控制参数**——交叉因子

注：黑体部分为DE算法的控制参数。

3.1.1 DE算法流程

DE算法从某一随机产生的初始种群开始，通过变异、交叉运算产生试验向量，将试验向量的适应度与种群中对应位置的目标向量的适应度进行比较，选择适应度好的向量作为下一代种群个体，通过不断地迭代计算，最后得出最优解，其流程如图 3.1 所示。

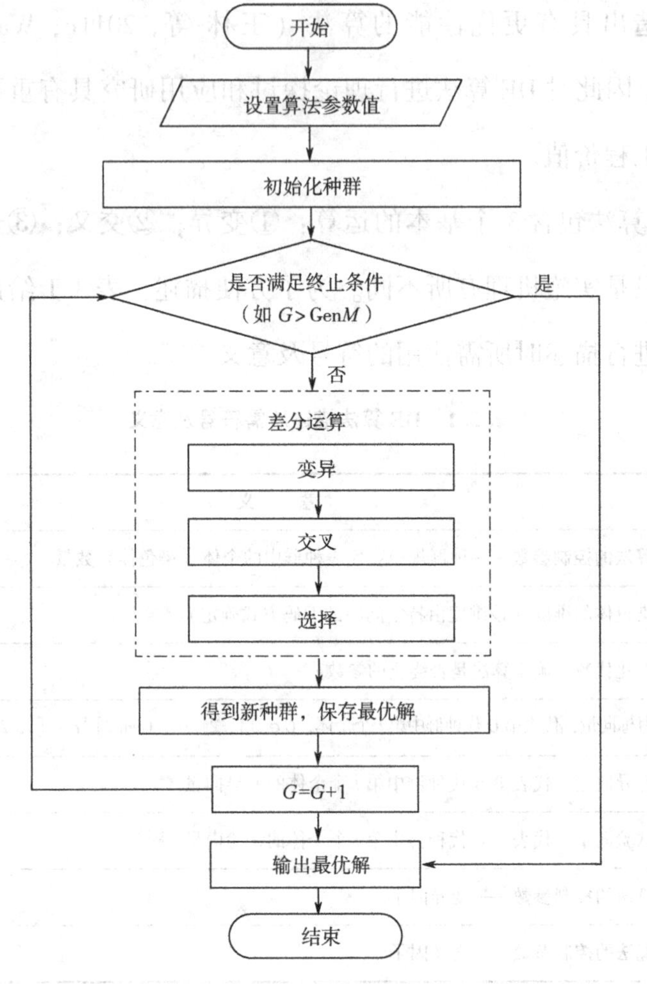

图 3.1　标准 DE 流程

1. 实施前准备工作

在算法实施前，首先需要设定算法的参数值，并针对所需解决的问题，设计算法的编码方式。是否能将实际所需解决的问题转换为算法所需的编码方式是求解的关键。

2. 初始化

DE 利用 N_p 个维数为 N_d 的实数值参数向量作为每一代的种群。若初始种群中向量 x_t^0 中第 l 个分量 $x_{t,l}^0$ 对应的决策变量界限为 $x_l^L \leqslant x_{t,l}^0 \leqslant x_l^U$，则可通过式（3.1）随机生成初始种群个体。

$$x_{t,l}^0 = \text{rand}[0,\ 1] * (x_l^U - x_l^L) + x_l^L,\ t = 1,\ 2,\ \cdots,\ N_p;\quad l = 1,\ 2,\ \cdots,\ N_d \tag{3.1}$$

3. 差分运算

（1）变异运算：对于每个目标向量 x_t^G，通过如下方式产生对应的变异向量 v_t^G。

$$v_t^{G+1} = x_{r_1}^G + F * (x_{r_2}^G - x_{r_3}^G),\ r_1 \neq r_2 \neq r_3 \neq t;\ r_1,\ r_2,\ r_3,\quad t \in [1,\ 2,\ \cdots,\ N_p] \tag{3.2}$$

（2）交叉运算：将目标向量 x_t^G 与变异向量 v_t^{G+1} 按式（3.3）进行交叉运算，获得试验向量 u_t^{G+1}。

$$u_{t,l}^{G+1} = \begin{cases} v_{t,l}^{G+1}, & \text{rand}(l) \leqslant CR \text{ 或 } l = \text{rand}n(t) \\ x_{t,l}^G, & \text{其他} \end{cases} \tag{3.3}$$

此时，要对实验向量的每一个分量值进行判定，如果超出对应决策变量的界限，则随机生成界限内的值进行替换。

（3）选择运算：计算目标向量和试验向量的适应度（以函数优化为例，其适应度为对应的函数值），将试验向量 u_t^{G+1} 的适应度 $f(u_t^{G+1})$ 与目标向量 x_i^G 的适应度 $f(x_t^G)$ 比较，选择两者中较优的个体作为下一代个体。以最小化优化为例，选择操作的方程为

$$x_t^{G+1}=\begin{cases}u_t^{G+1}, f\left(u_t^{G+1}\right)<f\left(x_t^G\right)\\ x_t^G,\ \text{其他}\end{cases} \tag{3.4}$$

3.1.2 DE 算法参数设置

表 3.1 中黑体部分为 DE 算法的 3 个控制参数，对算法性能有直接的影响。

1. 种群规模 N_p

该参数定义了算法中染色体的数量，其设置通常与所需解决问题的维度有关。Stron 和 Price（1997）建议种群规模最好为问题维度的 4～10 倍，而 Nobakhti 和 Wang（2008）则建议其值应为问题维度的 2～20 倍。在保持其他参数不变的情况下，N_p 的值越小，算法收敛速度越快，但搜索最优解的性能会降低；N_p 的值越大，所得到的最优解将会越好，但是计算时间也会增加。

2. 变异因子 F 和交叉因子 CR

这两个控制参数主要用于对种群中的个体按一定概率实施变化，以获得新的个体保持种群中个体的多样性。对于这两个参数的取值，Storn 和 Price（1997）定义了 CR 的取值范围为 0.1～1.0，F 为 0～2。尽管 Wang 等（2012d）、顿彩霞（2012）指出当 $CR=0.3$，$F=0.6$ 时，算法能获得较好的效果，但是很多研究（Gämperle，2002；Liu and Lampinen，2002；Mallipeddi and Suganthan，2008）指出这两个因子的取值通常依赖于具体的问题，在实际搜索过程中，需要利用参数测试试验找出 F 和 CR 的合适值。

3.2 混合自适应差分进化算法

3.2.1 HSDE 改进方案

尽管 DE 算法在全局搜索和局部增强方面比遗传算法 GA、控制随机搜索等算法具有优势，但是差分进化算法在进化后期会出现收敛速度减慢，且易陷于局部最优解，出现早熟现象（顿彩霞，2012）。此外，针对不同的求解问题，为了获得较好的效果，需要大量烦琐的手工参数测试实验来确定算法控制参数取值（Neri 和 Tirronen，2010）。因此，当面临规模大而且较复杂的现实问题时，DE 算法求解的效率会大大降低。

鉴于以上因素，本书在大量研究 DE 算法改进的基础上，提出了混合自适应差分进化（hybrid self-adaptive differential evolution，HSDE）算法。该算法对 DE 算法做了如下改进：①算法结构改进，选择了一种有效简单的方式将算法的控制参数 F 和 CR 融入染色体中，按一定规则随进化代数自动调节。一方面可以避免烦琐的手工参数测试；另一方面增加了参数的随机性，能更好地跳出局部最优解。②融合 GA 的截断选择运算，针对 DE 算法中选择运算时一对一竞争方式的弱点，选取了 GA 算法中的截断选择运算替换一对一的竞争选择。具体改进描述如下。

1. HSDE 染色体结构

DE 算法中，变异因子 F 和交叉因子 CR 一旦确定，在整个进化过程中恒定不变。HSDE 采纳 Brest 等（2006）中 DE 染色体结构的改进方法，将这两个控制参数融入染色体中，可用下式表示，其维度为 N_d+2。

$$x_t^G = \{x_{t,1}^G,\ x_{t,2}^G,\ \cdots,\ x_{t,N_d}^G,\ F_t^G,\ CR_t^G\}$$

式中，F_t^G 和 CR_t^G 按式（3.5）和式（3.6）进行更新。

$$F_t^G = \begin{cases} F_{\min} + \text{rand}_1 \cdot F_{\max}, & \text{rand}_2 < \tau_1 \\ F_t^{G-1}, & \text{其他} \end{cases} \tag{3.5}$$

$$CR_t^G = \begin{cases} \text{rand}_3, & \text{rand}_4 < \tau_2 \\ CR_t^{G-1}, & \text{其他} \end{cases} \tag{3.6}$$

式中：$\text{rand}_1, \cdots, \text{rand}_4$ 为 0 ~ 1 的随机数；τ_1 和 τ_2 为常数，代表了对应参数更新的可能性；$F_{\min}$ 和 $F_{\max}$ 分别为变异因子 F 的最小值和最大值。

2. HSDE 选择运算

将 HSDE 中的目标种群 $\{x_1^G,\ x_2^G,\ \cdots,\ x_{N_p}^G\}$ 与试验种群 $\{u_1^{G+1},\ u_2^{G+1},\ \cdots,\ u_{N_p}^{G+1}\}$ 组合成规模为 $2N_p$ 的新种群；计算新种群中个体的适应度；选择适应度较好的前 N_p 个个体作为下一代种群 $\{x_1^{G+1},\ x_2^{G+1},\ \cdots,\ x_{N_p}^{G+1}\}$。

HSDE 的实施流程如图 3.2 所示。

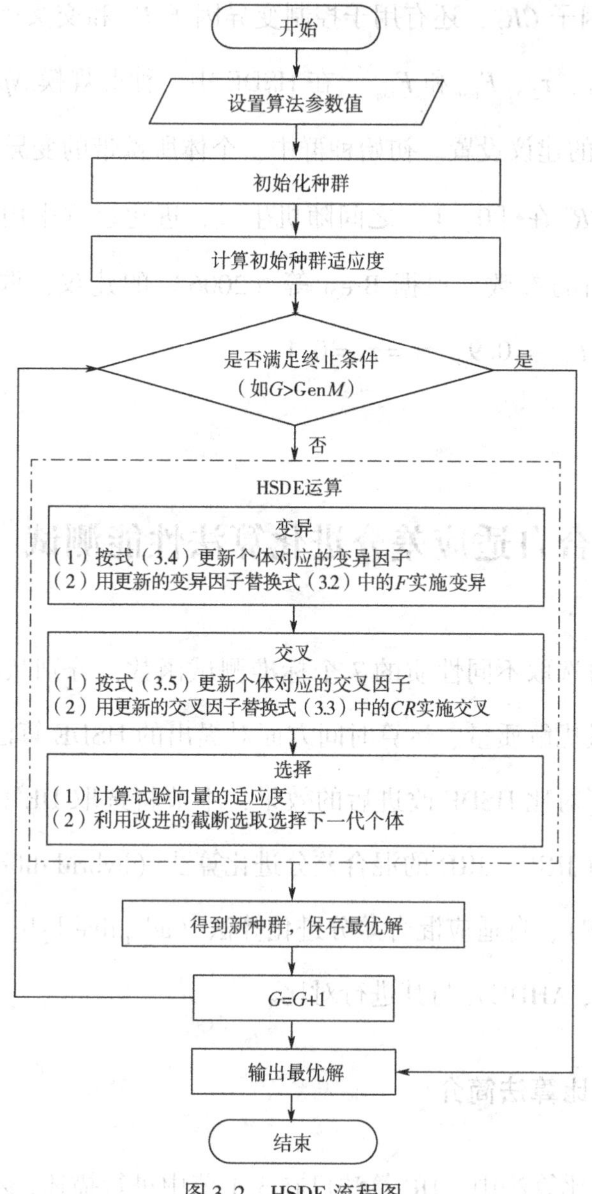

图 3.2　HSDE 流程图

3.2.2　HSDE 参数设置

HSDE 中的参数除了基本的 3 种参数：种群规模 N_p、变异因子

F_t^G 和交叉因子 CR_t^G，还有用于控制变异因子 F_t^G 和交叉因子 CR_t^G 更新的参数 τ_1、τ_2、F_{min} 和 F_{max}。在 HSDE 中，种群规模 Np 依然按照 3.1.2 节中的建议设置。初始种群中，个体所携带的变异因子 F_t^0 和交叉因子 CR_t^0 在［0，1］之间随机生成，进化过程中用于控制 F_t^G 和 CR_t^G 更新的参数，根据 Brest 等（2006）的建议，取值分别为 $F_{min}=0.1$，$F_{max}=0.9$，$\tau_1=\tau_2=0.1$。

3.3 混合自适应差分进化算法性能测试

本节将选取不同性质的 7 个标准测试函数，分别从收敛速度、搜索到的最优解质量、运算时间方面对提出的 HSDE 算法性能进行测试。为了对比 HSDE 改进后的效果，本节将选取 DE 算法、改进后用于求解 JRPs、JRD 的混合差分进化算法（hybrid differential evolution，HDE）、自适应混合差分进化算法（adaptive hybrid differential evolution，AHDE）与其进行对比。

3.3.1 对比算法简介

3 种对比算法中，DE 算法已在 3.1 节中进行描述，本节主要对广泛应用于 JRPs、JRD 的 HDE 和 AHDE 算法进行说明。

1. HDE 算法

该算法主要是对 DE 算法的选择运算进行了改进，以提高算法的收敛速度。改进策略如前描述，吸取了GA算法的截断选择法。

2. AHDE算法

AHDE算法与HDE算法的不同之处在于，AHDE算法中的变异因子按照式（3.7）随进化代数对 F 进行更新，同一代种群中的个体使用相同的变异因子 F^G 按式（3.2）实施变异运算。

$$F^G = F_{\min} + (F_{\max} - F_{\min}) * e^{1 - \frac{GenM}{GenM - G + 1}} \tag{3.7}$$

初期较大的变异算子可以加快算法的搜索（explore），后期较小的变异算子可在搜索到的区域探索（exploit）最优解。

3.3.2　标准测试函数（benchmark）测试

3.3.2.1　标准函数选取

为了比较的客观性和公平性，分别从标准benchmark函数库中选择了复杂程度不同的3种函数：单峰函数、阶梯函数和多峰函数。表3.2中列出的7个函数，$f_1 \sim f_3$ 为单峰函数，f_4 为阶梯函数，$f_5 \sim f_7$ 为多峰函数，该类函数对于很多智能算法来说是最复杂的一类问题。此外，为了分析不同算法求解不同规模测试函数的性能，本书定义了2个维度对算法性能进行更全面的分析。

表3.2　标准测试函数

测试函数	维度 N_d	定义域	最优解
$f_1(x) = \sum_{l=1}^{L} x_l^2$	10, 30	$[-100, 100]^L$	0, 0
$f_2(x) = \sum_{l=1}^{L} \lvert x_l \rvert + \prod_{l=1}^{L} \lvert x_l \rvert$	10, 30	$[-10, 10]^L$	0, 0
$f_3(x) = \sum_{l=1}^{L} (\sum_{g=1}^{l} x_g)^2$	10, 30	$[-100, 100]^L$	0, 0

续表

测试函数	维度 N_d	定义域	最优解
$f_4(x) = \sum_{l=1}^{L} (\lvert x_l + 0.5 \rvert)^2$	10, 30	$[-100, 100]^L$	0, 0
$f_5(x) = \sum_{l=1}^{L} -x_l \sin(\sqrt{\lvert x_l \rvert})$	10, 30	$[-500, 500]^L$	-4189.8, -12569.5
$f_6(x) = -20\exp\left(-0.2\sqrt{(\sum_{l=1}^{L} x_l^2)/L}\right) - \exp\left(\frac{1}{L}\sum_{l=1}^{L}\cos 2\pi x_l\right) + 20 + e$	10, 30	$[-32, 32]^L$	0, 0
$f_7(x) = \frac{1}{4000}\sum_{l=1}^{L} x_l^2 - \prod_{l=1}^{L}\cos\left(\frac{x_l}{\sqrt{l}}\right) + 1$	10, 30	$[-600, 600]^L$	0, 0

3.3.2.2 实验安排

在 Matlab 7.0 中应用 DE、HDE、AHDE、HSDE 算法分别运行表 3.2 中 10、30 两个维度的 7 个测试函数，共 14 组算例，每组运行 20 次，得到每种算法所得到的最小最优解、平均最优解 ± 标准差、平均运行时间，并获取 20 次的平均收敛曲线，以全面比较 4 种算法的性能。

4 种算法的参数设置在综合相关文献（Wang 等，2012d；Qu 等，2013；顿彩霞，2012）的基础上，设置如表 3.3 所示。其中，HDE 算法中 F 和 CR 的取值，为 Wang 等（2012d）、顿彩霞（2012）中给出的最合理取值。为了对比的公平性，AHDE 算法中的 CR 也取相同的值。

表 3.3 算法参数值

算法	参数值
DE	$N_p = 100$；$F = 0.6$；$CR = 0.3$；Gen$M = 500$
HDE	$N_p = 100$；$F = 0.6$；$CR = 0.3$；Gen$M = 500$
AHDE	$N_p = 100$；$F_{\min} = 0.2$；$F_{\max} = 1.0$；$CR = 0.3$；Gen$M = 500$
HSDE	$N_p = 100$；$F_{\min} = 0.1$；$F_{\max} = 0.9$；$\tau_1 = \tau_2 = 0.1$；Gen$M = 500$ $F_t^0 = $ rand；$CR_t^0 = $ rand

3.3.2.3 性能分析

本书中所有实验均在配置为 CPU：Intel Core 2 Duo T5870 @ 2.00 GHz；RAM：2.96 GB；OS：Microsoft Windows XP 的电脑中进行。下面将分别从最优解质量、运行速度和收敛效果三方面对算法性能进行分析。

1. 最优解分析

表3.4～表3.6分别对3种性质的共7个标准测试函数运行20次的结果进行了统计，统计项目包括20次运算中不同算法找到的最小函数值（最小f_{min}）、平均f_{min} ±标准差、平均运行时间（单位：s）。

表3.4 4种算法求解单峰函数的统计结果

测试函数	算法	函数维度 $N_d=10$			函数维度 $N_d=30$		
		最小f_{min}	平均f_{min} ±标准差	平均运行时间/s	最小f_{min}	平均f_{min} ±标准差	平均运行时间/s
f_1	DE	6.9707 E－17	1.2778E－16 ±6.2417E－17	2.0359	0.0447	0.0674 ±0.0201	2.9660
	HDE	0	0 ±0	1.9142	8.1800 E－10	1.1686E－9 ±2.3742E－10	2.8203
	AHDE	0	0 ±0	1.9482	7.5243 E－12	1.8602E－10 ±2.7490E－10	2.8622
	HSDE	0	0 ±0	1.9608	7.2136 E－14	5.3277E－11 ±6.5364E－11	2.825 5
f_2	DE	2.0744 E－010	2.6667E－10 ±7.2809E－11	2.1927	0.0375	0.0439 ±0.0046	3.1797
	HDE	0	0 ±0	2.0052	1.4215E－6	2.0783E－6 ±8.4885E－7	2.9948
	AHDE	0	0 ±0	2.0392	1.2972E－8	2.3685E－5 ±3.6668E－5	3.0340
	HSDE	0	0 ±0	2.0522	2.2872E－9	6.6146E－7 ±4.5018E－7	3.0130

续表

测试函数	算法	函数维度 $N_d=10$			函数维度 $N_d=30$		
		最小 f_{min}	平均 f_{min} ± 标准差	平均运行时间/s	最小 f_{min}	平均 f_{min} ± 标准差	平均运行时间/s
f_3	DE	8.8165	18.9503 ±6.6766	3.3463	1.9312E+4	2.1234E+4 ±1.9783E+3	6.2318
	HDE	5.1457 E-12	4.9379E-5 ±1.9124E-4	3.1491	835.1631	2.0908E+3 ±1.3227E+3	5.8202
	AHDE	2.2993 E-8	6.1678E-4 ±0.0020	3.1865	627.4008	1.1403E+3 ±391.2253	5.8828
	HSDE	8.744 5 E-16	1.6852E-8 ±4.1429E-8	3.2010	33.2415	177.9186 ±138.4593	5.8463

表 3.5　4 种算法求解阶梯函数的统计结果

测试函数	算法	函数维度 $N_d=10$			函数维度 $N_d=30$		
		最小 f_{min}	平均 f_{min} ± 标准差	平均运行时间/s	最小 f_{min}	平均 f_{min} ± 标准差	平均运行时间/s
f_4	DE	0	0±0	2.6277	0	0±0	4.4558
	HDE	0	0±0	2.4738	0	0±0	4.3050
	AHDE	0	0±0	2.5133	0	0±0	4.3592
	HSDE	0	0±0	2.5182	0	0±0	4.3048

表 3.6　4 种算法求解多峰函数的统计结果

测试函数	算法	函数维度 $N_d=10$			函数维度 $N_d=30$		
		最小 f_{min}	平均 f_{min} ± 标准差	平均运行时间/s	最小 f_{min}	平均 f_{min} ± 标准差	平均运行时间/s
f_5	DE	-4.1898 E+3	-4.1898E+3 ±8.5748E-13	2.8230	-9.3321 E+3	-8.5094E+3 ±282.9572	5.0782
	HDE	-4.1898 E+3	-4.1898E+3 ±9.5869E-13	2.6516	-1.2569 E+4	-1.2530E+4 ±73.1017	4.8801
	AHDE	-4.1898 E+3	-4.1898E+3 ±9.5869E-13	2.6937	-1.2569 E+4	-1.2529E+4 ±59.1843	4.9239
	HSDE	-4.1898 E+3	-4.1661E+3 ±49.9380	2.6939	-1.2569 E+4	-1.2328E+4 ±183.3656	4.8940

续表

测试函数	算法	函数维度 $N_d=10$			函数维度 $N_d=30$		
		最小 f_{min}	平均 f_{min} ±标准差	平均运行时间/s	最小 f_{min}	平均 f_{min} ±标准差	平均运行时间/s
f_6	DE	3.1243E-9	5.6871E-9 ±2.0270E-9	2.3412	0.0575	0.0788 ±0.0097	3.4035
	HDE	8.8818E-16	8.8818E-16 ±0	2.1830	5.2281E-6	8.3199E-6 ±1.8351E-6	3.2078
	AHDE	8.8818E-16	8.8818E-16 ±0	2.2265	3.0253E-7	4.6035E-6 ±6.6465E-6	3.2843
	HSDE	8.8818E-16	8.8818E-16 ±0	2.2282	8.3645E-9	6.5317E-5 ±1.9820E-4	3.2188
f_7	DE	0.0191	0.0381 ±0.0163	3.3490	0.1554	0.2876 ±0.0973	6.1510
	HDE	0	0.0160 ±0.0181	3.1685	1.3839E-9	0.0017 ±0.0037	5.8235
	AHDE	0	0.0192 ±0.0179	3.2111	7.4691E-12	3.8483E-9 ±1.1142E-8	5.9078
	HSDE	0	0.0079 ±0.0141	3.2077	6.8113E-12	2.4037E-9 ±4.0594E-9	5.8281

为方便描述，$f_{i\text{-}10}$、$f_{i\text{-}30}$分别代表维度为10、30的测试函数i。从表3.4～表3.6中可以看出，①HSDE相比其他3种算法具有更好的寻优能力，AHDE次之。2个不同维度的7个测试函数，共14组测试结果中，首先可以看到4种算法获得的最小最优解：HSDE共有7组结果的最小最优解优于其他算法；4组结果与HDE、AHDE获得相同的最小最优解；3组结果（$f_{4\text{-}10}$、$f_{4\text{-}30}$、$f_{5\text{-}10}$）4种算法均能得到相同的最小最优解。而获得的平均最小最优解：HSDE共有6组结果优于其他算法；5组结果与HDE、AHDE相同；3组结果（$f_{5\text{-}10}$、$f_{5\text{-}30}$、$f_{6\text{-}30}$）劣于HDE和AHDE。②在运行速度上，维度越大，同为自适应调节参数的AHDE和HSDE，HSDE的优势越大。

2. 收敛效果分析

图 3.3 ~ 图 3.9 分别给出了运行 20 次的平均收敛曲线（注：由于在收敛过程中第一代的最优值与最后一代的最优值差距较大，部分收敛图曲线重叠，肉眼很难观察，所以本节中的部分收敛图调小了原图的纵坐标值，以便更清晰地分析收敛曲线）。

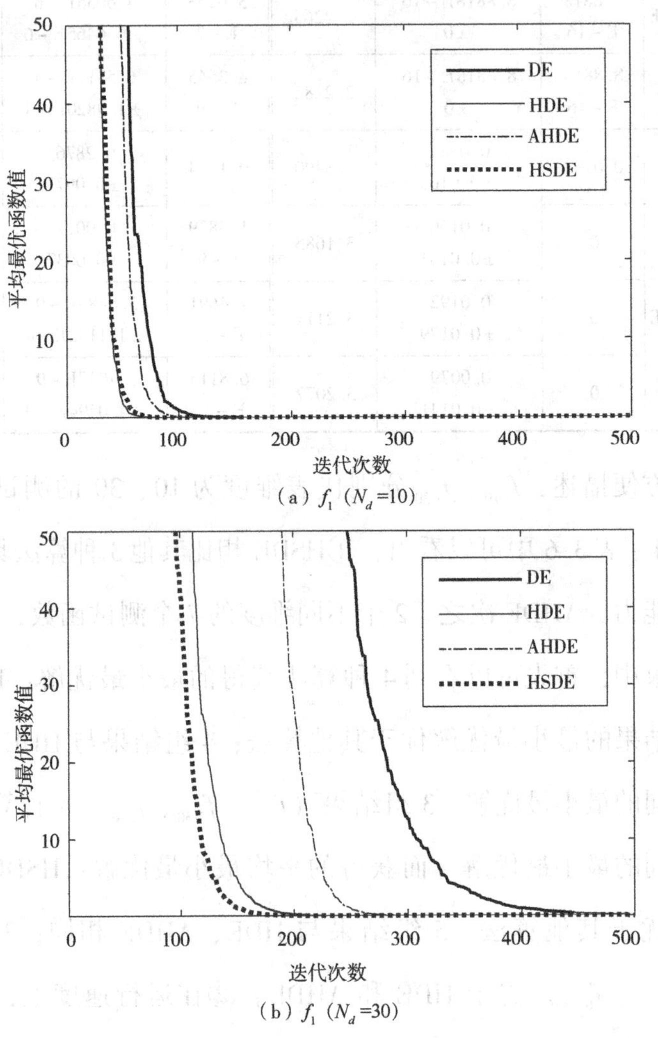

（a）f_1（N_d=10）

（b）f_1（N_d=30）

图 3.3　4 种算法运行 f_1 的平均收敛曲线

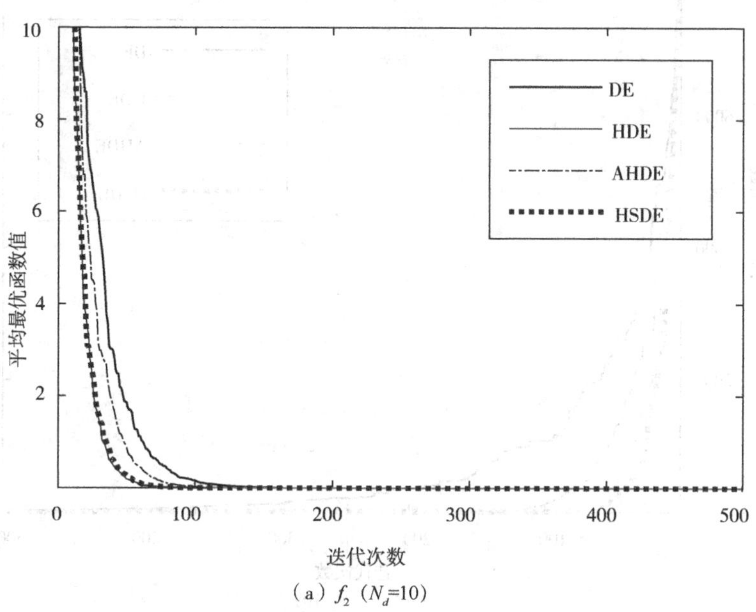

（a）f_2（N_d=10）

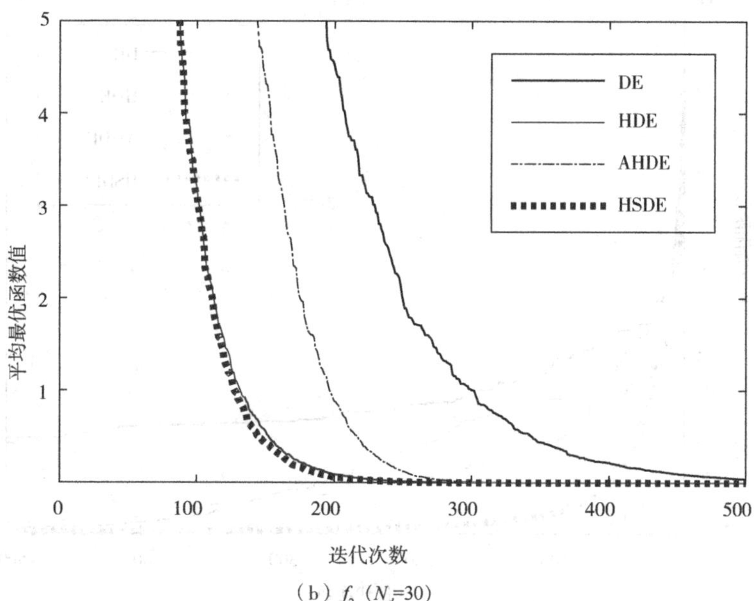

（b）f_2（N_d=30）

图 3.4　4 种算法运行 f_2 的平均收敛曲线

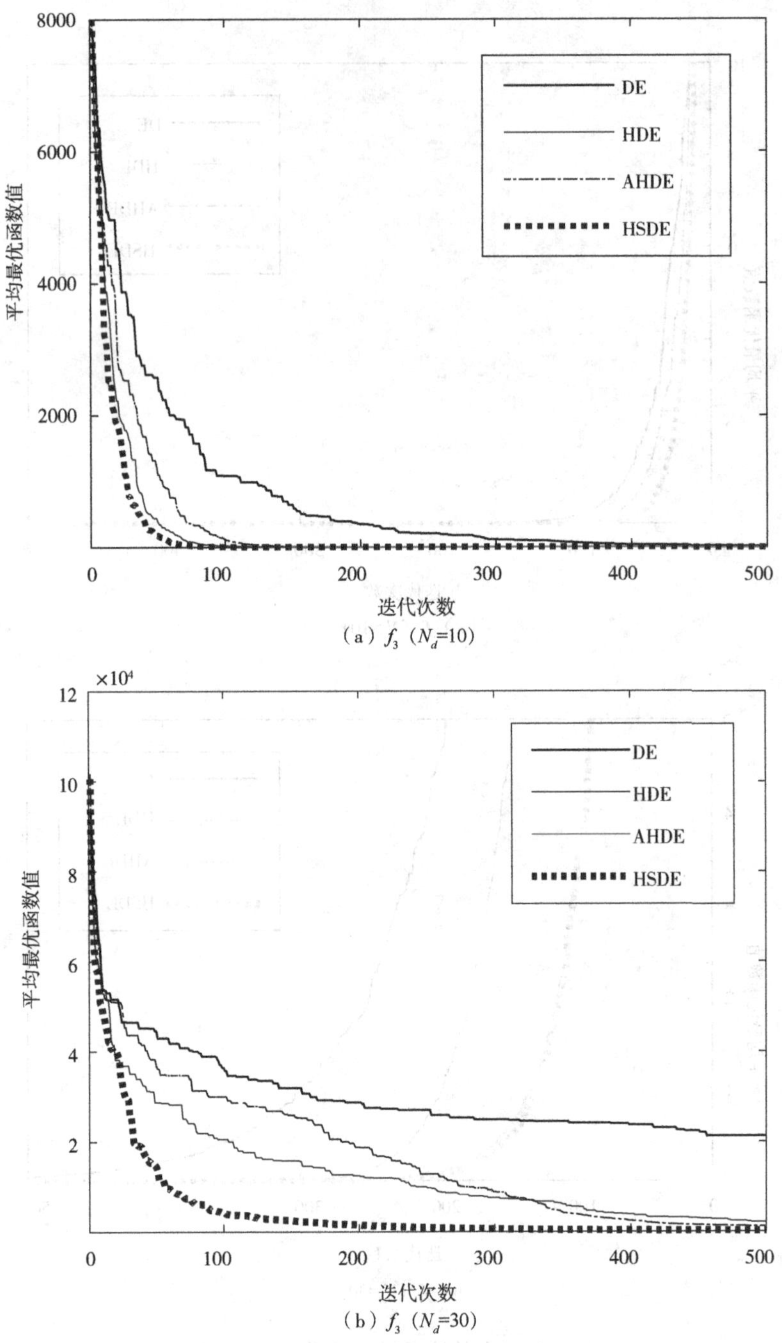

（a）f_3（N_d=10）

（b）f_3（N_d=30）

图 3.5　4 种算法运行 f_3 的平均收敛曲线

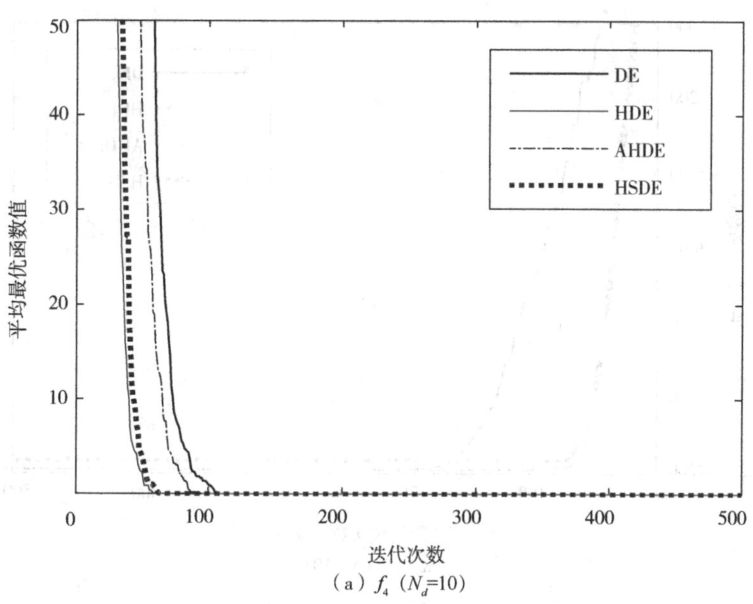

（a）f_4（N_d=10）

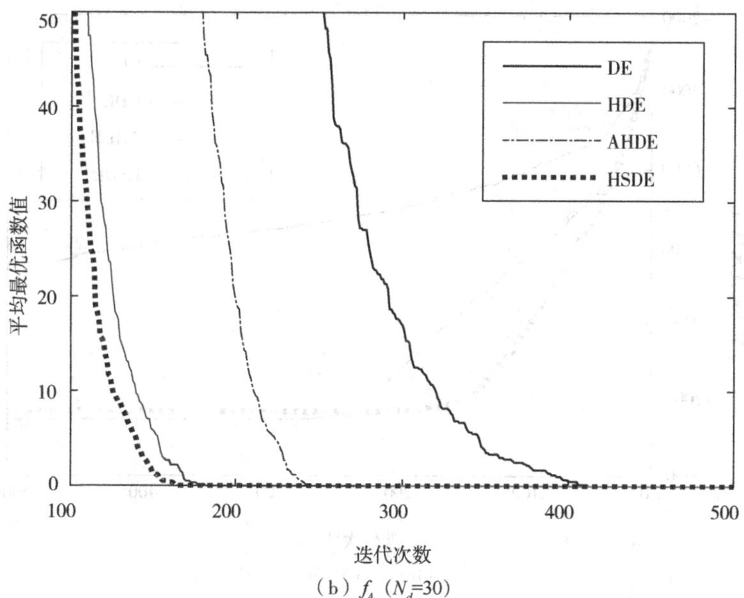

（b）f_4（N_d=30）

图3.6 4种算法运行f_4的平均收敛曲线

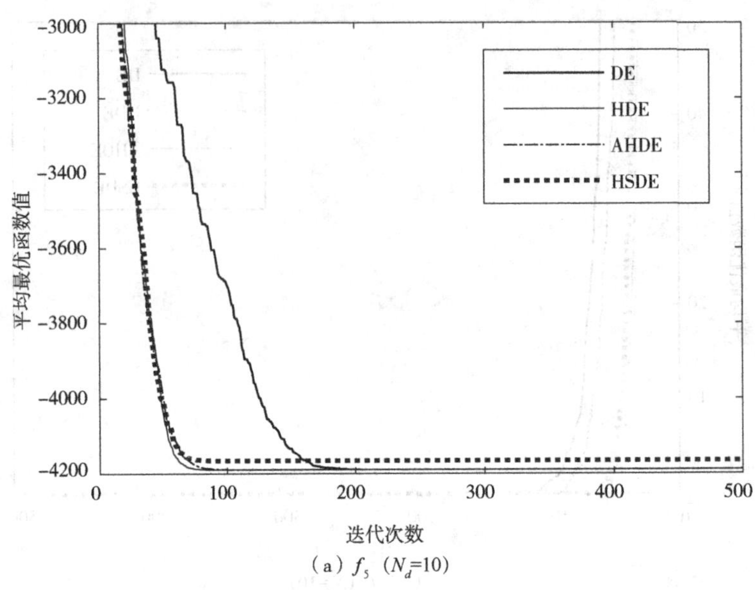

（a）f_5（N_d=10）

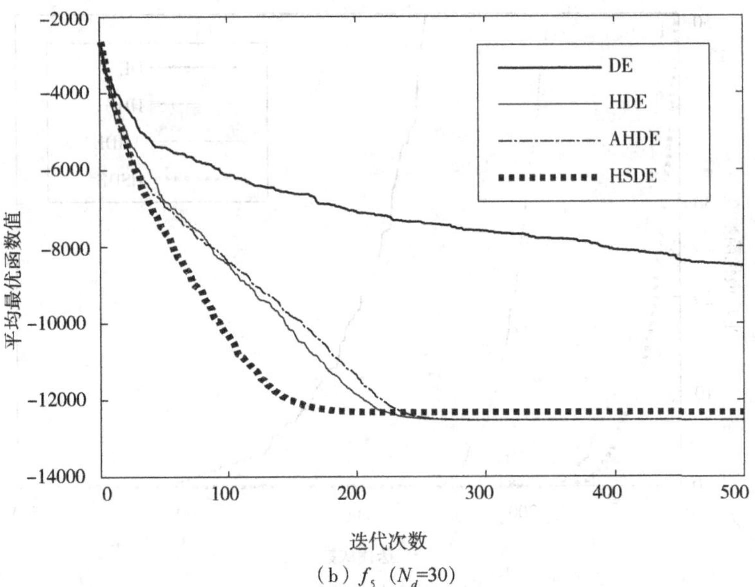

（b）f_5（N_d=30）

图 3.7　4 种算法运行 f_5 的平均收敛曲线

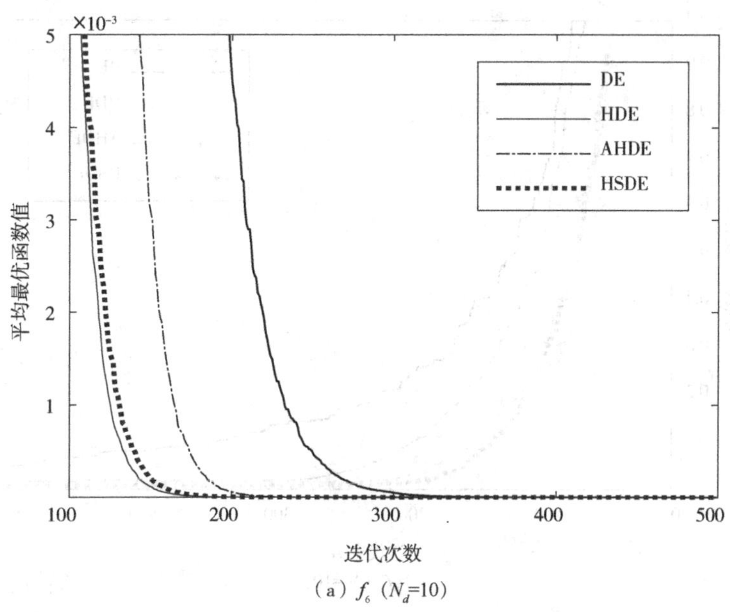

（a）f_6（N_d=10）

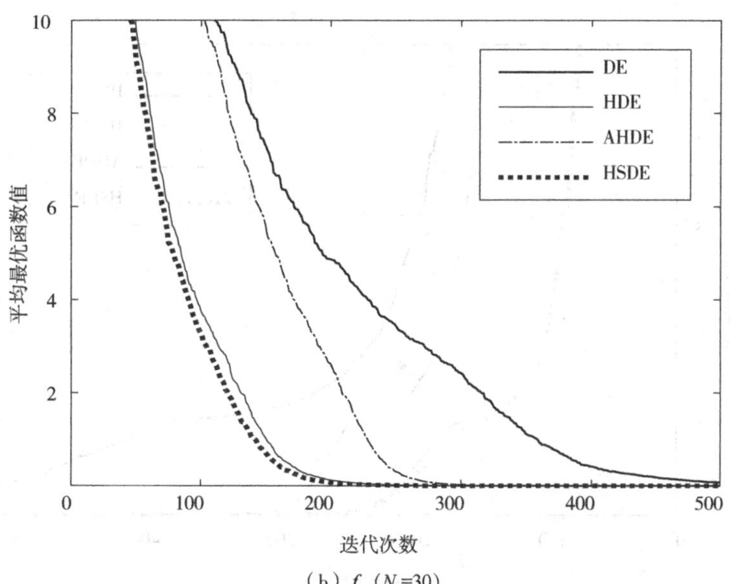

（b）f_6（N_d=30）

图 3.8　4 种算法运行 f_6 的平均收敛曲线

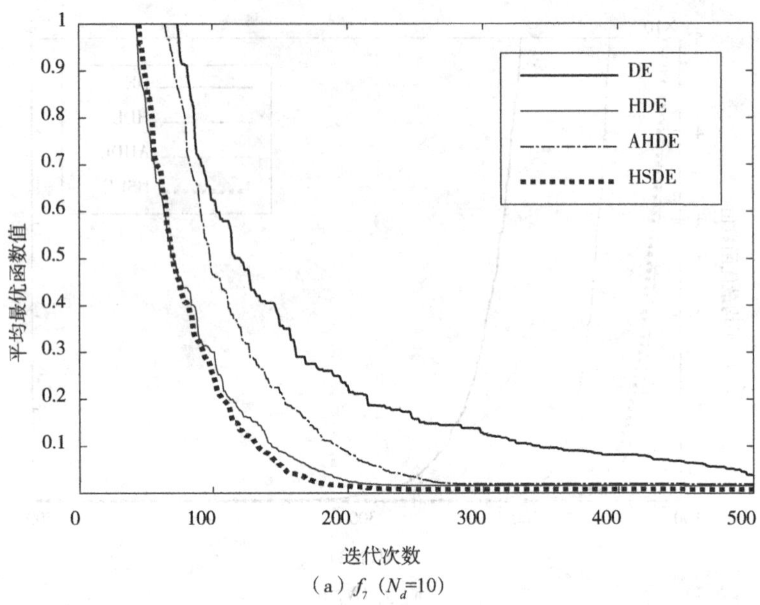

（a）f_7（N_d=10）

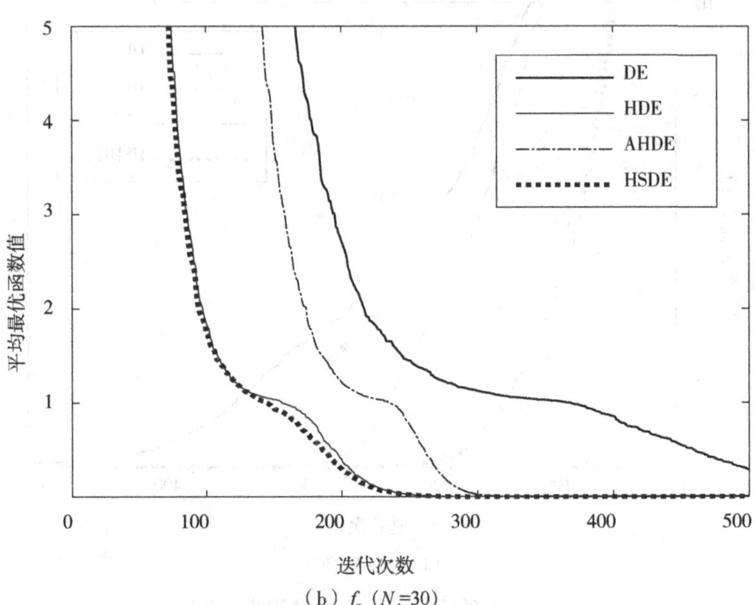

（b）f_7（N_d=30）

图 3.9　4 种算法运行 f_7 的平均收敛曲线

从图3.3～图3.9的平均收敛曲线可以看出，当问题规模为10时，HSDE的收敛速度与HDE算法旗鼓相当，并不具备很大的优势；但是当求解问题的维度为30时，HSDE的收敛速度总是优于其他算法。此外，结合表3.4～表3.6求得的最优解可知，尽管HDE的收敛速度比AHDE快，但是其求得的函数值质量不如AHDE。

3.3.3　经典联合补货问题测试

3.3.3.1　经典联合补货模型

经典的联合补货问题其假设条件与经济订货批量模型较相似，它假设每种物品的需求速度是均匀已知的，不允许缺货，没有数量折扣，订货后物品可立即得到补充，库存持有成本为线性。JRP的目标是使总年平均成本最小化，总年平均成本由固定订购费用、可变订购费用和库存持有费用三部分组成。联合补货策略主要是通过将不同时期的采购物品按一定分组规则进行分组，组内物品进行联合采购，以达到经济规模效益和分摊主要订货成本的目的，从而降低总采购成本。对联合补货策略而言，主要有两种分组策略，即直接分组（Direct Grouping Strategy，DGS）和间接分组（Indirect Grouping Strategy，IGS）。本节将详细介绍这两种分组策略。

为了方便后续的描述，对本节使用的符号说明如下：

i——物品编号，$i=1,2,\cdots,n$；

j——分组组号，$j=1,2,\cdots,m$；

G_j——第j组所包含的物品集合；

D_i——物品 i 的平均需求率；

S——主要准备费用，即固定订货成本；

s_i——次要准备费用，即第 i 种物品的订购费用；

h_i——第 i 种物品的年单位库存费用；

T——联合补货基本周期，为决策变量；

T_i——第 i 种物品的补货周期，以年为单位；

T_j——第 j 组物品的补货周期，以年为单位；

k_i——周期乘子，第 i 种物品补货周期所包含的补货周期数，为决策变量；

TC——总年平均成本，目标函数。

1. 基于间接分组的联合补货模型

间接分组模式下，物品不是预先进行分组，而是根据各自的补货周期乘子 k_i 动态分组。在循环周期内如果物品的补货周期乘子 k_i 具有倍数关系或具有相同公倍数（如 1，2，3，2，1），那么在其倍数或相同公倍数的补货时期，对应的物品自动分配在一组进行补货（第 2 个时期——倍数关系，物品 1、2、4、5 一起补货；第 6 个周期——相同公倍数，所有物品一起补货），从而达到分组补货的目的。简而言之，间接分组是根据物品的补货周期动态分组，而直接分组则是直接划分物品，划分在一组的物品具有相同的补货周期。

每类物品的补货周期 T_i 是 T 的整数倍 k_i，则物品 i 补货周期 $T_i = k_i T$，物品 i 的补货量 $Q_i = T_i D_i = T k_i D_i$。

年库存持有成本

$$C_H = \sum_{i=1}^{n} Q_i h_i / 2 = \frac{T}{2} \sum_{i=1}^{n} k_i D_i h_i \tag{3.8}$$

年总订货成本（包括主要订货成本和次要订货成本）

$$C_S = S/T + \sum_{i=1}^{n} S_i / k_i T = \frac{1}{T} \left(S + \sum_{i=1}^{n} s_i \Big/ k_i \right) \tag{3.9}$$

年总成本

$$TC(T, k_i) = C_H + C_S = \frac{T}{2} \sum_{i=1}^{n} k_i D_i h_i + \frac{1}{T} \left(S + \sum_{i=1}^{n} s_i \Big/ k_i \right) \tag{3.10}$$

目标是确定各个 k_i 和 T 使总成本最小。研究函数性质不难发现，总成本函数不是凸函数，因此需要不断更新迭代以达到最小值。

在研究各种求解算法时，T 和 k_i 值的取值范围是研究的焦点和难点，因为这决定了算法的收敛精度和速度。在此将学术上对 T 和 k_i 的取值范围推出。

当 k_i 确定后令 $\partial TC / \partial T = 0$ 可得 T 的最优值

$$T^* = \sqrt{2 \left(S + \sum_{i=1}^{n} s_i \Big/ k_i \right) \Big/ \sum_{i=1}^{n} k_i D_i h_i}$$

令 $k_i = 1$，可得 T 的上界

$$T \leqslant T_{\max} = \sqrt{2 \left(S + \sum_{i=1}^{n} s_i \right) \Big/ \sum_{i=1}^{n} D_i h_i}$$

Goyal（1974）指出 k_i 须满足

$$\sqrt{\frac{2s_i}{h_i D_i k_i(T)\left[k_i(T) + 1\right]}} \leqslant T \leqslant \sqrt{\frac{2s_i}{h_i D_i k_i(T)\left[k_i(T) - 1\right]}}$$

由此可以得出 T 的下界

$$T \geqslant \sqrt{\frac{2s_i}{h_i D_i k_i(T)[k_i(T)+1]}} \Rightarrow T_{\min} \geqslant \sqrt{\frac{s_i}{h_i D_i}}$$

同时也可以由上式得出 k_i 的取值范围

$$k_i(k_i-1) \leqslant \frac{2s_i}{D_i h_i T^2} \leqslant k_i(k_i+1)$$

从而可得到 k_i 的上界必须满足

$$k_i^{UB}(k_i^{UB}-1) \leqslant \frac{2s_i}{D_i h_i T^2} \leqslant k_i^{UB}(k_i^{UB}+1)\ (k_i\text{值的下界可以都为}1)$$

2. 基于直接分组的联合补货模型

直接分组是直接将 n 种物品分为 m 组，每个组都确定一个固定的补货周期 T_j（$j=1, 2, \cdots, m$），在每次订货时本组中的每个物品都需要进行补货。依据式（3.10），可以得出在直接分组策略下的总年平均成本 TC 的公式：

$$TC(T_1, T_2, \cdots, T_m) = \sum_{j=1}^{m}\left[(S+\sum_{i\in G_j} s_i)/T_j + \frac{1}{2}T_j \sum_{i\in G_j} D_i h_i\right] \tag{3.11}$$

Van Eijs 等（1992）对这两种策略进行了对比，得出当主要准备费用比较高时，间接分组策略比直接分组策略更好，这是因为当使用间接分组策略时，更多的物品可以成为一组进行联合补货。从联合补货问题的相关研究中也可以看出间接分组策略下的联合补货问题研究更为广泛，因此本书后续章节的扩展问题多是基于间接分组策略进行研究。鉴于此，本节 HSDE 算法在 JRP 问题中的应用效果测试只针对间接分组策略下的JRP。

3.3.3.2　HSDE在JRP问题中的应用效果测试

1. 基于HSDE的JRP求解流程

步骤1：初始化。算法参数的设定与3.3.2中一致。针对具体的应用问题，智能算法求解的首要任务是如何设计编码解码机制。从3.3.3.1中的问题描述中可知，只要确定了k_i，基本补货周期T即可确定。而k_i为整数，针对这些特点，结合算法的特性，在初始化时，随机生成i个0~1的随机数，分别代表每种物品i的周期乘子k_i的编码值，再通过一定的解码规则，映射到k_i的实际可行取值。JRP问题编码解码思路如图3.10所示。

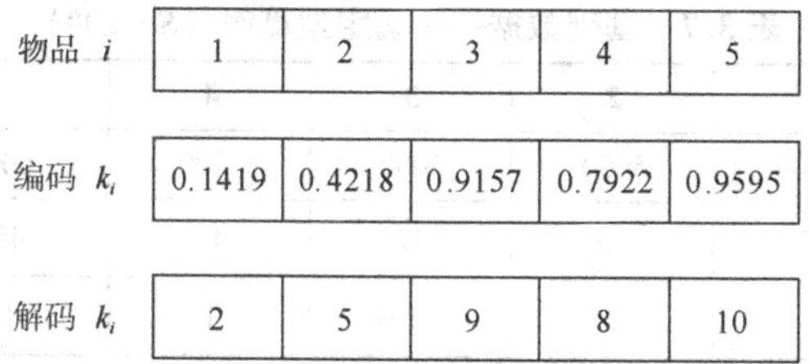

物品 i	1	2	3	4	5
编码 k_i	0.1419	0.4218	0.9157	0.7922	0.9595
解码 k_i	2	5	9	8	10

图3.10　JRP问题编码解码思路（$n=5$）

故，基于HSDE算法和对比算法中决策变量k_i的初始个体值均为0~1的随机数，之后按式（3.12）解码成实际值。

$$x_{t,l}^0 = \text{round}\left(x_l^L + \text{rand}(0,1) * (x_l^U - x_l^L)\right), \quad l=1, 2, \cdots, N_d \tag{3.12}$$

式中：$x_{t,l}^0$代表初始群体中个体t中第l个位置对应决策变量的实际值；x_l^L，x_l^U分别为个体t中第l个位置对应变量的下界和上界，round（）为取整函数。

步骤 2：计算总成本目标函数，并保存最优解。根据式（3.12）获得解码的值，计算出总成本函数。

步骤 3：判断是否满足终止条件，如果满足，则输出最优值；如果不满足按图 3.2 中的流程分别进行变异、交叉、选择运算。

步骤 4：更新进化代数，转步骤 3。

2. 算例选取

为了验证 HSDE 算法在 JRP 问题中的高效性和可适用性，分别进行确定型算例和随机性算例的测试。其中确定型算例的数据选取 Moon 和 Cha（2006）中的例子（见表 3.7），随机性算例中物品种类和成本参数的取值范围见表 3.8。

表 3.7　基础数据——确定型算例（$S=200$）

物品 i	1	2	3	4	5	6
D_i	10000	5000	3000	1000	600	200
s_i	45	46	47	44	45	47
h_i	1	1	1	1	1	1

表 3.8　基本参数——随机性算例

参　数	范　围
n	10，30，50
D_i	[500，5000]
S	100，200，300
s_i	[10，20]，[30，50]
h_i	[0.5，3]

3. 结果分析

（1）确定型算例。4 种算法分别计算确定型 JRP 算例 20 次，算例结果见表 3.9，4 种算法收敛曲线见图 3.11。

表 3.9　确定型 JRP 算例结果

算　法	DE	HDE	AHDE	HSDE
最小 TC_{min}	4164.9730	4164.9730	4164.9730	4164.9730
平均 TC_{min} ± 标准差	4164.9730 ± 0	4164.9730 ± 0	4164.9730 ± 0	4164.9730 ± 0
平均运行时间/s	0.9675	1.0006	0.9877	1.0153

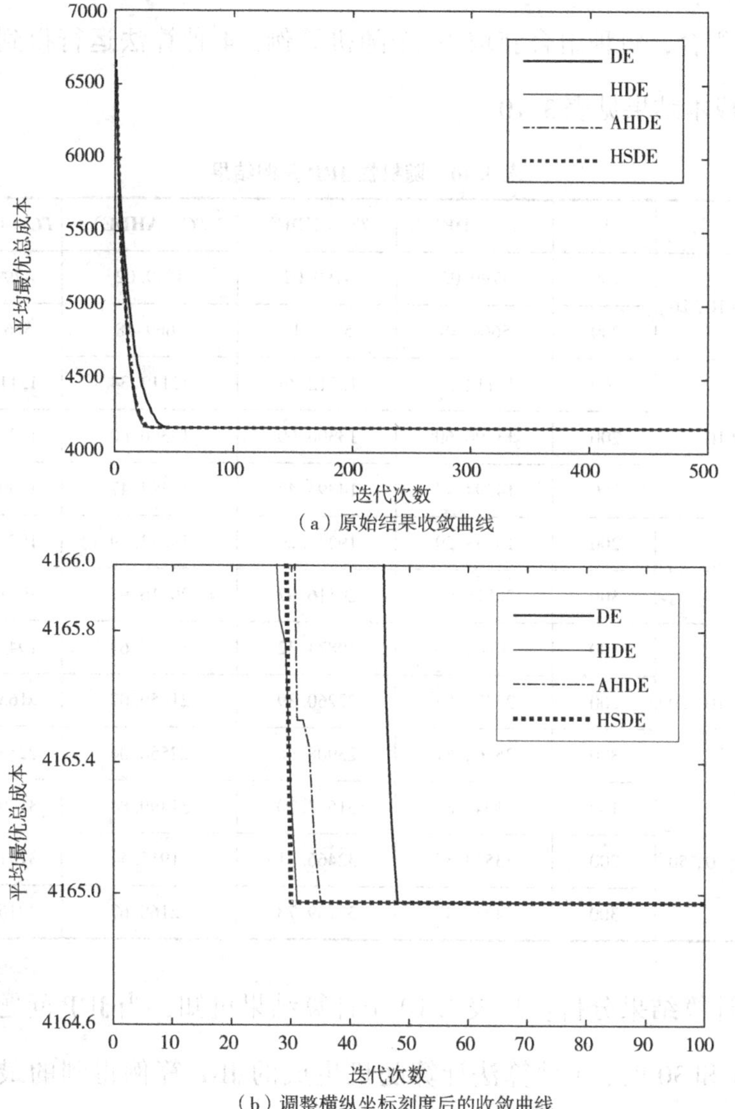

（a）原始结果收敛曲线

（b）调整横纵坐标刻度后的收敛曲线

图 3.11　4 种算法运行 JRP 确定型算例的收敛曲线

结合表3.9中的计算结果和图3.11中的收敛曲线，可以确定HSDE不仅可以得到现有文献中的最优解（石渊龙，2016），而且在收敛速度上也比其他3种算法要快。

（2）随机性算例。对于随机性算例，根据问题规模，共产生13种组合，每种组合获取10个随机算例，4种算法运行得到的平均总成本结果见表3.10。

表3.10　随机性JRP算例结果

n	s_i	S	TC（DE）	TC（HDE）	TC（AHDE）	TC（HSDE）
10	[10, 20]	100	4799.02	4799.02	4799.02	4799.02
		200	5669.48	5669.48	5669.48	5669.48
30	[10, 20]	100	12112.34	12112.34	12112.34	12112.34
		200	13306.60	13306.60	13306.60	13306.60
		300	14394.47	14394.47	14394.47	14394.47
	[30, 50]	200	19243.29	19243.29	19243.29	19243.29
		300	20516.97	20516.97	20516.97	20516.97
50	[10, 20]	100	20604.36	19874.32	19497.64	19497.64
		200	23474.84	22260.39	21659.07	21659.07
		300	25362.51	23908.66	22550.04	22550.04
	[30, 50]	100	31945.82	31571.70	31499.84	31499.84
		200	33523.35	32466.81	31915.44	31915.44
		300	34032.47	32759.73	32168.67	32168.67

计算结果分析：从表3.10中计算结果可知，当JRP问题规模为10和30时，4种算法计算随机生成的JRP算例得到的最优解一致；但是当问题规模扩大到50时，DE算法和HDE算法所求最

优解的质量远远落后于 AHDE 算法和 HSDE 算法，其中 DE 算法的结果最劣，而 AHDE 和 HSDE 算法比较稳定，能获得相同的最优解。

收敛过程分析：为了对 4 种算法的收敛情况进一步分析，图 3.12 所示为 4 种算法运行 3 种不同规模的 JRP 随机算例得到的收敛过程。从图 3.12 可看出，HSDE 的收敛速度是 4 种算法中最快的，而且随着问题规模的扩大其优势逐渐明显；AHDE 尽管收敛速度最慢，但是其跳出局部最优解的可能性高于 DE 和 HDE；HDE 的收敛速度次于 HSDE，但是当问题规模扩大时，其容易陷入局部最优解，难以跳出，获得的最终计算结果劣于 HSDE 和 AHDE 的计算结果。

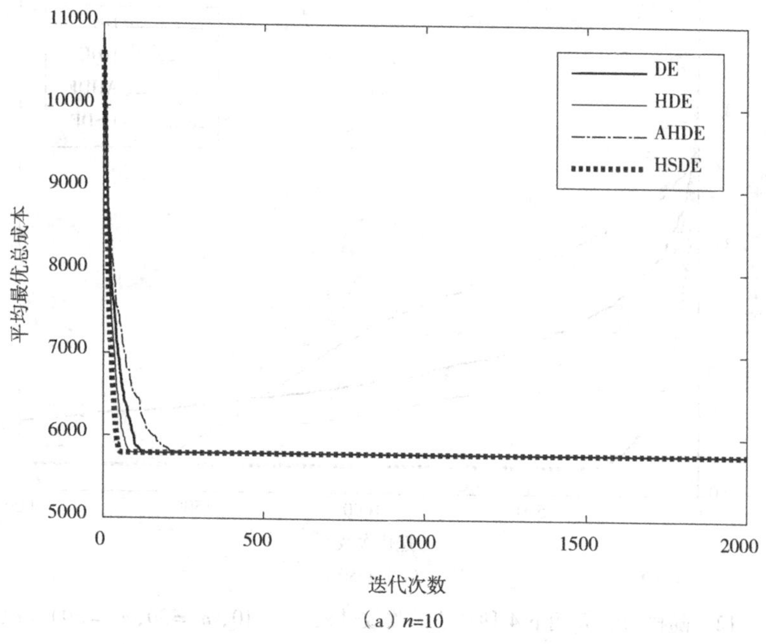

（a）n=10

图 3.12　随机 JRP 算例下 4 种算法的收敛过程（$n=10$，$n=30$，$n=50$）

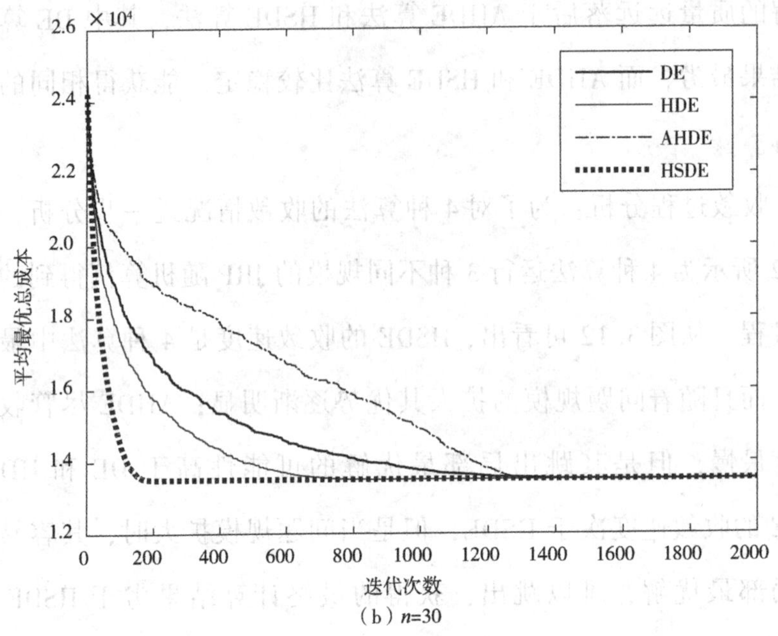

（b）n=30

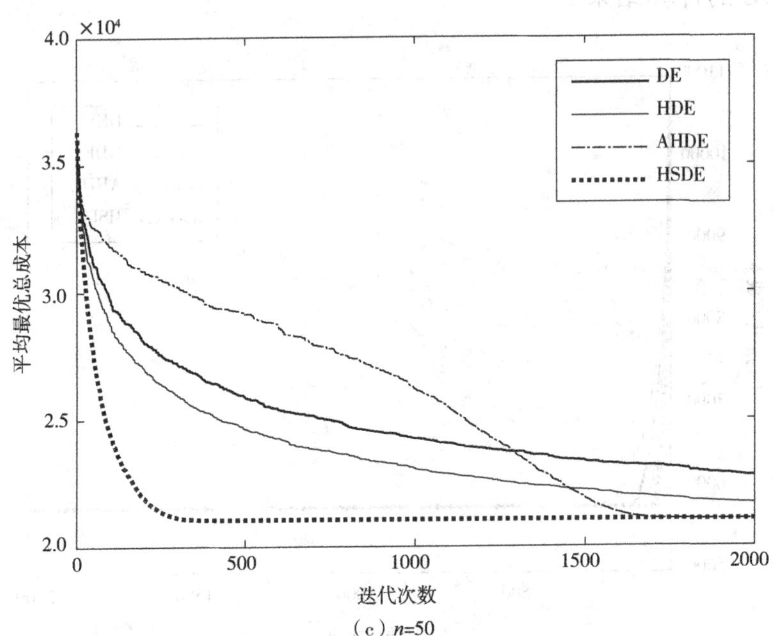

（c）n=50

图 3.12　随机 JRP 算例下 4 种算法的收敛过程（$n=10$，$n=30$，$n=50$）（续）

通过对JRP问题的测试，可知HSDE在4种算法中具有较好的鲁棒性，特别是面对大规模问题时，可以快速收敛到最好最优解，以很好地应用于JRPs。

3.4 本章小结

通过对14组测试函数和JRP问题的测试，可以得出如下结论：

（1）本书所提出的HSDE算法相对于目前用于求解JRPs、JRDs的改进DE算法——HDE、AHDE，在寻求最优解和收敛速度方面具备更大的优势。

（2）HSDE的运行速度与HDE相当，但是优于AHDE。

（3）相对于HDE、AHDE，HSDE可以在避免手工参数测试的同时，获得较好的解。该特点对于规模较大的问题，具备更大的优势。

（4）尽管$f_{5\text{-}10}$、$f_{5\text{-}30}$、$f_{6\text{-}30}$这3组的平均最小最优值HSDE劣于HDE和AHDE，但是HSDE的收敛速度更快，结合前面HSDE寻求最小最优解的优势，当面临大规模问题时，HSDE跳出局部最优解获得最好最优解的可能性相对就更大。

综上所述，HSDE在与HDE、AHDE保持相对不错的运算速度的同时，在寻优能力和收敛速度方面都有较大的改进，具备了解决复杂优化问题的能力。在后续的4个章节中，将用基于DE的改进算法以及其他优化算法求解现实意义中的复杂协同优化模型，对算法性能进行分析比较，验证其应用效果，进一步扩大DEs算法的应用领域。

第4章 异质物品联合补货—配送协同优化模型

本章研究的对象是由多个供应商，一个中心仓库和多个零售商构成的供应链集成系统，中心仓库从多个零售商处采购多种物品，并将各种物品配送到对应零售商。在采购和配送过程中，考虑到不同性质的物品同时运输的特殊性，构建了有分组约束的联合补货—配送（grouping constraint joint replenishment and delivery，GC-JRD）协同优化模型，模型的求解应用本书提出的基于 DE 的改进算法。为了对模型和算法进行验证，首先求解退化的 GC-JRD（分组惩罚费用为0 的情况），与 Cha 等（2008）中 JRD 最优解及求解算法进行对比；随后求解非退化的 GC-JRD 和扩大规模的 GC-JRD，算例分析验证了所提算法的有效性和鲁棒性。

4.1 问题提出

在现实物流运作中，同一客户/分销商订购的物品通常是多样的，具有不同的性质。这些异质物品在运输过程中，会因为本身的性质需要额外的附加费用。例如，冷藏物品在运输时需要专门的保鲜设备，如果该种性质的物品与常温保存的物品在同一个订单中，那么保鲜设备所花费的高额费用会分摊给同时运输的常规物品；而化工品不能和食品一同运输。考虑到多物品联合补货运输过程中的相关问题，Olsen（2008）把采购运输过程中异质物品同时运输时产生的额外费用（惩罚费用）作为次要订货成本的一部分纳入构建的库存模型，以此来调节物品的运输组合，使系统总费用结构更合理，该观点的提出具有重要的理论和实际意义。但是 Olsen（2008）只考虑了两级供应链环境下中心仓库补货阶段的运输问题，没有考虑中心仓库配送阶段的运输问题。本节将 Olsen（2008）的观点纳入三级供应链环境下联合补货与配送（joint replenishment and delivery，JRD）的协同优化问题，对 Cha 等（2008）的 JRD 模型进行改进，使其更贴合现实。因为该项惩罚费用对物品的运输组合具有直接的影响，因此将扩展的模型称为有分组约束的 JRD。

本章研究问题与 Olsen（2008）中的进站式（inbound）JRP 问题的主要区别在于：①在现实运作方面，不仅考虑了补货阶段 inbound 的异质物品联合运输问题，而且增加了配送阶段 outbound 的异质物品联合运输问题；②在模型构建方面，inbound 阶段一旦补货周期乘子 k_i（正整数）确定，那么很容易确定哪些物品会同时运输。但是本研究由于 outbound 配送阶段物品的配送周期间隔为实数 k_i/f_i，因此在确定同时运输物品时，增加了难度。相对于 Cha 等

（2008）的研究，本研究在补货和配送的运输过程中增加了异质物品联合运输时的分组约束，模拟了更符合现实的配送模式。此外，在模型求解方面，提出了一种有效的改进智能优化算法，并与Cha等（2008）中的GA算法进行比较。

4.2 GC-JRD模型构建

4.2.1 模型假设与符号标识

该JRD模型考虑的是一个中心仓库、多个供应商和多个零售商的供应链系统，中心仓库从上游供应商处补货来满足下游零售商的需求，不允许缺货，中心仓库按频次配送货物到对应的零售商，中心仓库和零售商均可持有库存。系统总成本包括中心仓库的订货成本、库存持有成本、配送成本和零售商的库存持有成本。模型的目标是为决策者提供合适的策略使系统总成本最小。需要决定的问题是：哪些物品应该放在一组运输？中心仓库何时、采购/配送多少量的物品以满足客户需求？

本节研究的JRD问题，与Cha等（2008）、Lu和Posner（1994）有如下类似的假设：

（1）需求率是已知常数且恒定不变。

（2）不允许缺货。

(3) 补货提前期是确定不变的。

(4) 每种物品仅且仅能被一个零售商出售。

除此之外，其他的假设如下：

(1) 每种物品只能归属一个组，不能同时分到多个组（Olsen，2008）。

(2) 车辆运输容量、仓库和零售商库存容量无限。

模型描述如下：对于组 m 中的物品 i，中心仓库每隔该组的基本采购周期（T_m）的整数倍（$k_{i,m}$）对物品 i 进行采购，并分 $f_{i,m}$ 次配送到指定零售商。图 4.1 给出了模型的一个简单图示，图中的 4 种物品分 2 组进行运输。

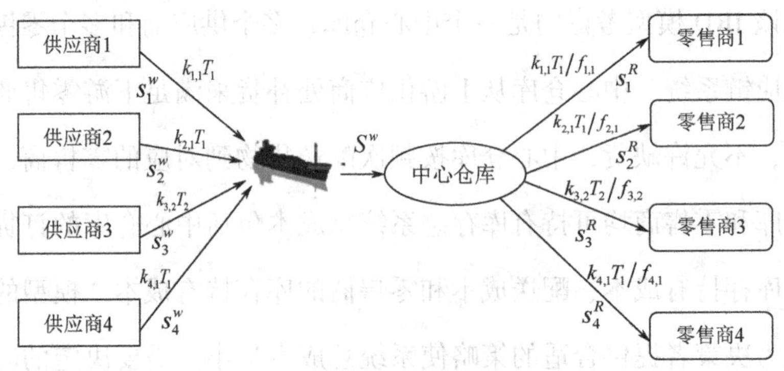

图 4.1 有分组约束的 JRD 模型

本数学模型使用的符号标识如下：

i，j——物品标识，$1 \leqslant i$，$j \leqslant n$；

n——物品种类总数；

m——组标识，$1 \leqslant m \leqslant M$；

M——最大的组数；

D_i——物品 i 的年平均需求率；

S^w——中心仓库的主要订货成本，即固定订货成本；

s_i^w——中心仓库订货物品 i 的次要补货成本，即物品 i 的订购成本；

h_i^w——物品 i 在中心仓库的年平均单位库存费用；

P_{ij}—— 物品 i 和物品 j 同时运输的惩罚费用，$i \neq j$；

s_i^R——物品 i 的出站费用；

h_i^R——物品 i 在零售商处的年单位库存费用；

T_m——组 m 中物品的联合补货基本周期（决策变量）；

$k_{i,m}$——周期乘子，正整数，组 m 中物品 i 的补货周期所包含的补货周期数（决策变量）；

$f_{i,m}$——组 m 中物品 i 的配送频次，正整数（决策变量）。

4.2.2 数学模型

本模型的费用结构可以分别从中心仓库和零售商两个角度进行描述，中心仓库的费用包括物品的订货成本、库存持有成本、配送成本；零售商处的费用主要是库存持有成本，先对组 m 中物品采购和配送的相关成本进行分析。

1. 订货成本（中心仓库）

订货成本由主要订货成本、次要订货成本和同组运输异质物品时产生的惩罚成本组成。

惩罚费用 P_{ij} 是同组中的物品 i 和物品 j 同时运输时产生的费用，

而物品 i 的补货周期 $T_{i,m}=k_{i,m}T_m$，物品 j 的补货周期 $T_{j,m}=k_{j,m}T_m$，因此，每隔 lcm（$k_{i,m}$，$k_{j,m}$）T_m 的时间间隔，物品 i 和物品 j 会同时补货，这里 lcm（$k_{i,m}$，$k_{j,m}$）为 $k_{i,m}$ 和 $f_{i,m}$ 的最小公倍数。则组 m 中物品补货时的总惩罚费用

$$C_{P,m}^{r}=\frac{1}{T_m}\sum_{i,j}\frac{P_{ij}}{\mathrm{lcm}(k_{i,m},k_{j,m})}$$

年总订货成本

$$C_{S,m}=\frac{S^w}{T_m}+\sum_{i}\frac{s_i^w}{k_{i,m}T_m}+C_{P,m}^{r}=\frac{1}{T_m}\left(S^w+\sum_{i}\frac{s_i^w}{k_{i,m}}+\sum_{i,j}\frac{P_{ij}}{\mathrm{lcm}(k_{i,m},k_{j,m})}\right)$$

2. 库存持有成本（中心仓库）

在间接分组策略下，组 m 中物品 i 的补货周期 $T_{i,m}$ 是基本补货周期 T_m 的整数倍 $k_{i,m}$，即 $T_{i,m}=k_{i,m}T_m$，则物品 i 的补货量 $Q_{i,m}=k_{i,m}T_mD_i$，每次的配送量 $q_{i,m}=k_{i,m}T_mD_i/f_{i,m}$。则组 m 中物品在中心仓库的年库存持有成本

$$C_{H,m}^{w}=\sum_{i}(Q_{i,m}-q_{i,m})h_i^w/2=\sum_{i}(f_{i,m}-1)k_{i,m}T_mD_ih_i^w/2f_{i,m}$$

图 4.2 所示物品 i 的补货循环中显示了其在中心仓库的库存水平。

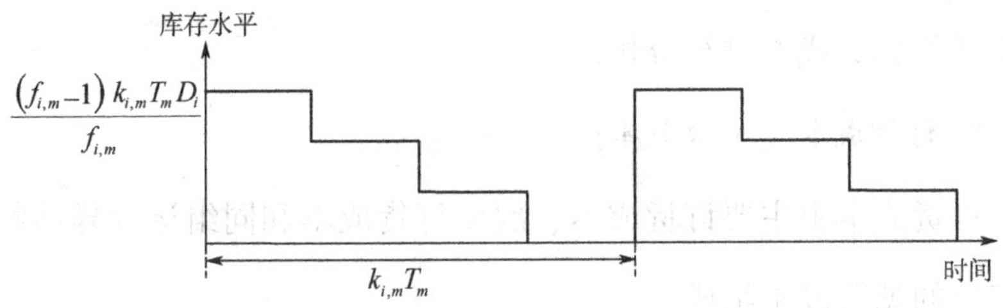

图 4.2　组 m 中物品 i 的补货循环（$f_{i,m}=4$）

3. 配送成本（中心仓库）

本模型考虑的是零售商位置相对集中的环境，与 Cha 等（2008）类似，没有考虑配送阶段的路径问题。配送成本由物品的出站费用和运输惩罚费用组成。

常规的平均出站费用

$$C_{o,m} = \sum_i f_{i,m} s_i^R / k_{i,m} T_m$$

物品 i 在每个 $k_{i,m} T_m$ 间隔分 $f_{i,m}$ 次配送，配送间隔周期为 $k_{i,m}T_m/f_{i,m}$，那么物品 i 和物品 j 同时配送的间隔周期为 lcm（$k_{i,m} f_{j,m}$，$k_{j,m} f_{i,m}$）$T_m/f_{i,m} f_{j,m}$，故配送阶段的总惩罚费用

$$C_{P,m}^d = \frac{1}{T_m} \sum_{i,j} \frac{f_{i,m} f_{j,m} P_{ij}}{\mathrm{lcm}(k_{i,m} f_{j,m},\ k_{j,m} f_{i,m})}$$

4. 库存持有成本（零售商）

物品 i 每次运送到零售商处的量 $q_{i,m} = k_{i,m} T_m D_i / f_i$，故组 m 中物品在零售商处的年平均库存持有成本

$$C_{H,m}^R = \sum_i k_{i,m} T_m D_i h_i^R / 2 f_{i,m}$$

图 4.3 所示，物品 i 的配送循环中显示了其在零售商处的库存水平。

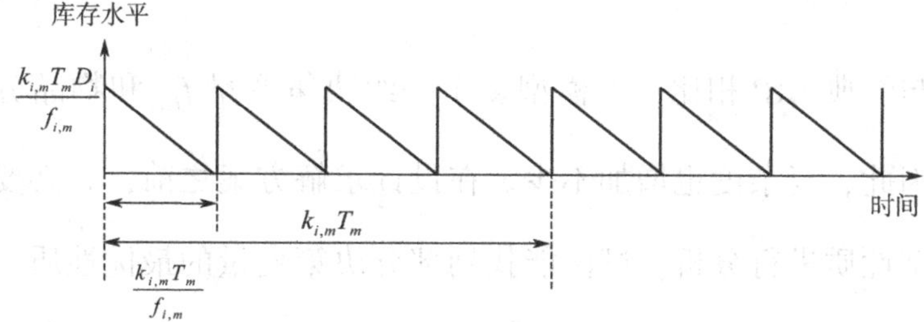

图 4.3　组 m 中物品 i 的配送循环（$f_{i,m}=4$）

综上可得，组 m 中物品补货配送的年平均总成本

$$TC_m = C_{S,m} + C_{H,m}^w + C_{o,m} + C_{P,m}^d + C_{H,m}^R =$$

$$\frac{1}{T_m}\left(S^w + \sum_i \frac{s_i^w}{k_{i,m}} + \sum_{i,j} \frac{P_{ij}}{\operatorname{lcm}(k_{i,m},k_{j,m})}\right) + \sum_i \frac{(f_{i,m}-1)k_{i,m}T_m D_i h_i^w}{2f_{i,m}} +$$

$$\sum_i \frac{f_{i,m}s_i^R}{k_{i,m}T_m} + \frac{1}{T_m}\sum_{i,j}\frac{f_{i,m}f_{j,m}P_{ij}}{\operatorname{lcm}(k_{i,m}f_{j,m},k_{j,m}f_{i,m})} + \sum_i \frac{k_{i,m}T_m D_i h_i^R}{2f_{i,m}} =$$

$$\frac{1}{T_m}\left[S^w + \sum_i \frac{s_i^w + f_{i,m}s_i^R}{k_{i,m}} + \sum_{i,j}\frac{P_{ij}}{\operatorname{lcm}(k_{i,m},k_{j,m})} + \sum_{i,j}\frac{f_{i,m}f_{j,m}P_{ij}}{\operatorname{lcm}(k_{i,m}f_{j,m},k_{j,m}f_{i,m})}\right] +$$

$$\frac{T_m}{2}\left[\sum_i k_{i,m}D_i\left(h_i^w + \frac{h_i^R - h_i^w}{f_{i,m}}\right)\right] \tag{4.1}$$

最后的总成本 $TC = \sum_{m=1}^{M} TC_m$。

那么，带分组约束的异质物品的 JRD 模型可表述如下：

$$\operatorname{Min} TC = \sum_{m=1}^{M}\left\{\frac{1}{T_m}\left[S^w + \sum_i \frac{s_i^w + f_{i,m}s_i^R}{k_{i,m}} + \sum_{i,j}\frac{P_{ij}}{\operatorname{lcm}(k_{i,m},k_{j,m})} + \right.\right.$$

$$\left.\left.\sum_{i,j}\frac{f_{i,m}f_{j,m}P_{ij}}{\operatorname{lcm}(k_{i,m}f_{j,m},k_{j,m}f_{i,m})}\right] + \frac{T_m}{2}\left[\sum_i k_{i,m}D_i\left(h_i^w + \frac{h_i^R - h_i^w}{f_{i,m}}\right)\right]\right\}$$

s. t. $T_m > 0$；$k_{i,m}$，$f_{i,m} \in \{1, 2, \cdots, 正整数\}$ (4. 2)

4. 2. 3 模型分析

与经典 JRP 相比，本模型多了一组决策变量 $f_{i,m}$ 和物品分组决策，因此，复杂度也增加不少。在设计求解方案之前，有必要对数学模型性质进行分析，试图能找到部分决策变量的最优性质，降低模型的求解难度。

令 $A_m = S^w + \sum_i \frac{s_i^w + f_{i,m}s_i^R}{k_{i,m}} + \sum_{i,j} \frac{P_{ij}}{\mathrm{lcm}(k_{i,m}, k_{j,m})} + \sum_{i,j} \frac{f_{i,m}f_{j,m}P_{ij}}{\mathrm{lcm}(k_{i,m}f_{j,m}, k_{j,m}f_{i,m})}$；$B_m = \sum_i k_{i,m}D_i\left(h_i^w + \frac{h_i^R - h_i^w}{f_{i,m}}\right)$，则组 m 的总成本函数式（4.1）可表示为

$$TC_m = \frac{A_m}{T_m} + \frac{B_m T_m}{2} \tag{4.3}$$

不难发现，当决策变量 $k_{i,m}$，$f_{i,m}$ 已知时，TC_m 是决策变量 T_m 的凸函数，令 $\partial TC_m / \partial T_m = 0$，可得组 m 的最优基本补货周期

$$T_m^* = \sqrt{2A_m / B_m} \tag{4.4}$$

由于决策变量 $k_{i,m}$ 和 $f_{i,m}$ 已知，将式（4.4）代入式（4.3），可得到组 m 的最优总成本，即

$$TC_m^* = \sqrt{2 \cdot A_m \cdot B_m} \tag{4.5}$$

然后，加总所有组的最优总成本，得到系统最优总成本。

通过以上分析，模型求解时减少了一组决策变量 T_m，降低了算法求解维度和求解难度，也将提高算法求解 GC-JRD 的性能。接下来的求解方案只需要确定最优分组，及最优的 $k_{i,m}$ 和 $f_{i,m}$，使总成本最低。

4.3 求解方案设计

本节将针对本模型，结合 HSDE 算法结构，设计编码解码机制，对基于 HSDE 的 GC-JRD 模型求解流程进行描述。

1. 种群个体的表示

现代启发式算法中，算法的关键参数是影响算法性能和效率的主要因素，而选择何种编码、解码机制来表述实际问题对算法的实施也很重要。从4.2节的分析已经了解，只要确定了分组信息、$k_{i,m}$和$f_{i,m}$，就可以通过式（4.5）求出对应的最优总成本。因此，染色体编码必须包含4个部分：①物品分组信息；②补货周期乘子$k_{i,m}$；③配送频次$f_{i,m}$；④HSDE控制参数。图4.4显示了5个物品，最大组数$M=3$的一个个体信息。

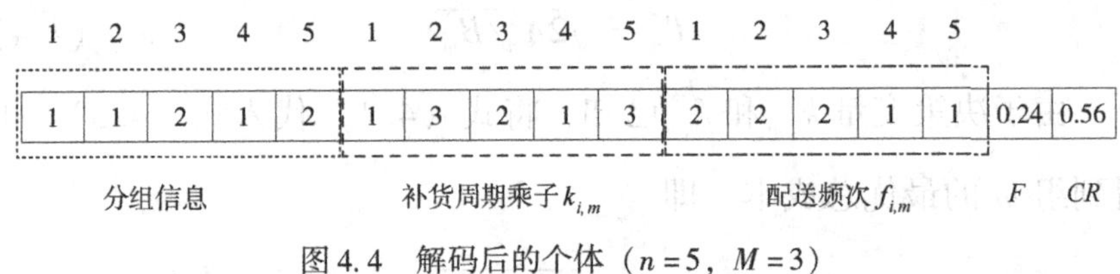

图4.4　解码后的个体（$n=5$，$M=3$）

图4.4的含义如下：物品1、物品2和物品4分在第1组；物品3和物品5分在第2组。在第1组，物品1每隔T_1进行补货分2次进行配送；物品2每隔$3T_1$进行补货分2次进行配送；物品4每隔T_1进行补货1次配送完（第2组中物品的补货和配送含义同上）。

2. 基于HSDE算法的GC-JRD模型求解流程

（1）初始化。根据设计的个体结构，染色体长度应为$3n+2$，初始值每个染色体的基因位置均随机生成［0，1］之间的随机数，求解函数值时，通过式（4.6）解码为实际值。

$$x_{i,l}^{0}=\mathrm{round}(x_l^L+\mathrm{gene}(l)*(x_l^U-x_l^L)),\ l=1,2,\cdots,N_d;\ x_l^L<x_l<x_l^U \tag{4.6}$$

式中：gene（l）为个体中第 l 个基因位置的值；x_l^L、x_l^U 分别是第 l 个位置对应变量的下界和上界。

由于决策变量的界限对算法的寻优能力有直接的影响，定界过宽，搜索空间越大，也相对容易陷入局部最优解；定界过窄，则可能将最优解排除在外，因此需要合理确定决策变量的上下界。尽管很多学者对 JRPs 的决策变量上下界进行了推导，但是本模型中不仅包含分组信息，而且补货周期乘子 $k_{i,m}$ 与配送频次 $f_{i,m}$ 相互影响，很难确定上界。这里，根据 Cha 等（2008）、Wang 等（2012a）的方法，直接将 $k_{i,m}$ 与 $f_{i,m}$ 的上界定位 20，该值为 Cha 等（2008）中最优解的 5 倍多，这两组决策变量的下界定为 1。至于最大的组数 M，Olsen（2008）指出当物品数为 10 ~ 50 时，M 可取值为 5 ~ 8。

（2）目标函数值计算。物品分组、$k_{i,m}$ 与 $f_{i,m}$ 确定后，根据式（4.4）求出 T_m^*，式（4.5）求出组 m 的总成本，进而求出所有组的总成本和得到目标函数值。

（3）按 3.2 节中的流程执行 HSDE 的变异、交叉、选择运算。

（4）当循环达到给定的最大迭代次数，算法结束，给出结果；否则重复（2）~（3）。

4.4 算例分析

本节的算例分析主要目的是对所提出的模型和算法进行验证，

以测试模型和算法的实用性，实验安排上包括基础算例和扩展算例。基础算例中分别考虑了异质物品同时运输时惩罚费用为0和惩罚费用不全为0的两种情况，其中惩罚费用为0是模型的一种特例，该特例的最优解应与Cha等（2008）中JRD模型的运算结果一致，因此是验证本章GC-JRD模型的一种有效方式。此外，将基础算例进行扩展，扩大问题规模，进一步测试HSDE算法的求解性能。

4.4.1 实验数据与算法参数设置

1. 实验数据

本章GC-JRD模型基础算例中的物品参数除惩罚费用外，其他数据源于Cha等（2008），见表4.1。惩罚费用的设置根据Olsen（2008）的建议，设定为物品次要补货成本的2～3倍，表4.2给出了惩罚费用列表，其中＊表示对应的两种物品禁止同时运输。

表4.1 基础算例物品参数（$S^w=200$）

物品 i	1	2	3	4	5	6
D_i	10000	5000	3000	1000	600	200
s_i^w	45	46	47	44	45	47
h_i^w	1	1	1	1	1	1
s_i^R	5	5	5	5	5	5
h_i^R	1.5	1.5	1.5	1.5	1.5	1.5

表4.2 物品惩罚费用（s_i^w 的2～3倍）

物品 i	1	2	3	4	5	6
1	0	0	＊	0	0	0

续表

物品 i	1	2	3	4	5	6
2	0	0	90	0	*	0
3	*	100	0	88	0	0
4	105	0	0	0	0	90
5	120	*	0	0	0	0
6	0	95	98	0	0	0

2. 算法参数设置

为了验证HSDE的性能，选择了Cha等（2008）中求解JRD的GA以及AHDE，与HSDE算法进行对比，对HSDE的求解能力以及改进效果进行分析。其中GA中的交叉率$P_c=0.8$，变异率$P_m=0.1$（同Cha等（2008）中的设置）；HDE根据Wang等（2012d）中求解进站式JRD的设置，定为$F=0.6$；$CR=0.3$；根据Brest等（2006）的建议，HSDE算法中参数设置取值分别为$F_{min}=0.1$，$F_{max}=0.9$，$\tau_1=\tau_2=0.1$；至于AHDE，第3章已经指出，针对不同的求解问题，其参数值的确定需要通过人工参数测试获取，以得到较好的效果。为了对比HSDE的改进效果及鲁棒性，本节将首先通过参数测试来获取AHDE算法的参数值，将最好情况下的AHDE与HSDE进行比较，突出对比效果。

根据第3章中关于变异算子F的取值建议，将F_{min}定为0.2，而F_{max}的取值和交叉因子CR的取值，则利用AHDE按表4.3的组合，求解GC-JRD模型50次来确定，计算结果见表4.3。

表 4.3　不同 F 和 CR 组合下 AHDE 计算结果

CR	平均 TC		找到最好最优解的比率	
	$F_{max}=1.2$	$F_{max}=0.8$	$F_{max}=1.2$	$F_{max}=0.8$
0.9	6056.93	6049.61	24%（12/50）	62%（31/50）
0.8	6050.58	6048.34	66%（33/50）	94%（47/50）
0.7	6048.72	6048.17	94%（43/50）	100%（50/50）
0.6	**6048.34**	**6048.23**	**96%（48/50）**	**100%（50/50）**
0.5	**6048.72**	**6048.23**	**98%（49/50）**	**100%（50/50）**
0.4	6048.72	6048.72	92%（46/50）	98%（49/50）
0.3	6050.39	6048.72	86%（43/50）	94%（47/50）

从表 4.3 中可以看出，当 $F_{max}=0.8$ 时，运算结果优于 $F_{max}=1.2$ 时的情况。当 $F_{max}=0.8$，CR 取值为 0.5，0.6 和 0.7 时，均可达到 100% 的收敛率，但是当 $CR=0.5$ 时，其收敛效果更好（$F_{max}=1.2$ 时，收敛率最高，达到 98%），因此，这里取 $F_{max}=0.8$，$CR=0.5$ 的组合。表 4.4对以上 4 种算法的参数值进行了汇总。

表 4.4　算法参数值

算　法	参数值
GA	$P_c=0.8$；$P_m=0.1$；$N_p=100$；Gen$M=500$
HDE	$F=0.6$；$CR=0.3$；$N_p=100$；Gen$M=500$
AHDE	$F_{min}=0.2$；$F_{max}=0.8$；$CR=0.5$；$N_p=100$；Gen$M=500$
HSDE	$F_{min}=0.1$；$F_{max}=0.9$；$\tau_1=\tau_2=0.1$； $F_t^0=rand$；$CR_t^0=rand$；$N_p=100$；Gen$M=500$

4.4.2　基础算例

1. GC-JRD 模型验证（惩罚费用 $P_{ij}=0$）

当惩罚费用为 0 时，本模型求解的最优解理论上应与 Cha 等

(2008) 中的计算结果一致。算法参数设置见表4.4，运算结果见表4.5，4种算法的收敛曲线见图4.5。

表4.5 4种算法得到的最优解及总成本

模型	算法	T	k_i	f_i	TC
JRD Cha等 (2008)	GA	0.1881	1, 1, 1, 2, 2, 4	4, 3, 2, 3, 2, 2	4828.89
GC-JRD ($P_{ij}=0$)	GA	–, 0.1881, –	1, 1, 1, 2, 2, 4	4, 3, 2, 3, 2, 2	4828.89
	HDE	–, 0.1881, –	1, 1, 1, 2, 2, 4	4, 3, 2, 3, 2, 2	4828.89
	AHDE	–, 0.1881, –	1, 1, 1, 2, 2, 4	4, 3, 2, 3, 2, 2	4828.89
	HSDE	–, 0.1881, –	1, 1, 1, 2, 2, 4	4, 3, 2, 3, 2, 2	4828.89

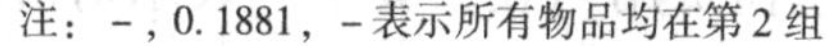
注：–，0.1881，–表示所有物品均在第2组

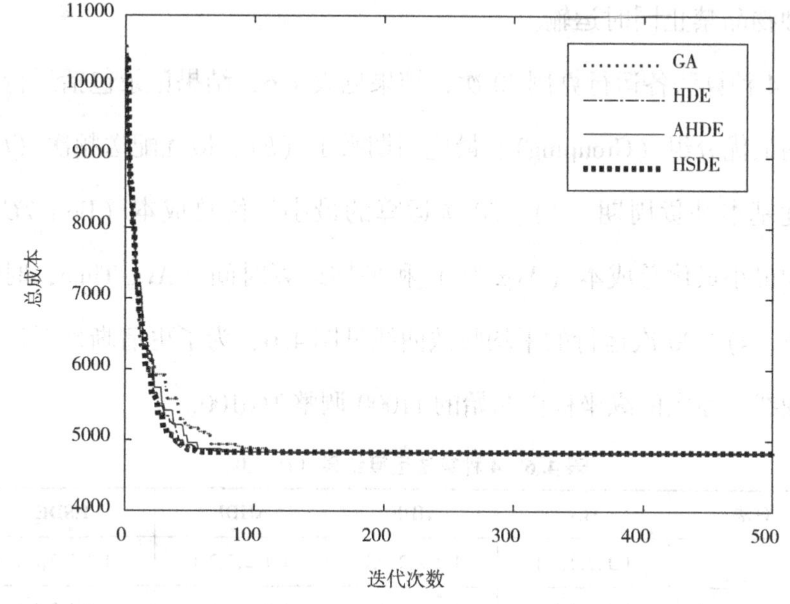

图4.5 4种算法求解GC-JRD ($P_{ij}=0$) 的收敛曲线

结合表4.5和图4.5可得出如下结论：①当GC-JRD模型中惩罚费用为0时，6种物品均分在同一组，4种算法均能获得同Cha等 (2008) 中相同的最优解和总成本；②HSDE在求解时具备更快

的收敛速度；HDE 次之，介于 HSDE 与 AHDE 之间；GA 在求解时收敛速度最慢。本实验的结果不仅对本书所提出的 HSDE 算法解决实际问题的能力进行了验证，同时通过对比实验，也验证了本模型的正确性。下面将进行 $P_{ij}\geqslant 0$ 的仿真实验，对补货配送策略进行分析，以求获得一些管理启示，为企业提供辅助决策。

2. 仿真实验（惩罚费用 $P_{ij}\geqslant 0$）

Olsen（2008）认为惩罚费用应该是物品次要补货成本的 2 ~ 3 倍，根据该建议，表 4.2 给出了惩罚费用列表，其中 * 表示对应的两种物品禁止同时运输。

4 种算法各运行算例 20 次，结果见表 4.6，结果记录包括运行得到的最优分组（Grouping）、最优周期乘子（k）、最优配送频次（f）、最优基本补货周期（T）、20 次运算的最小最优总成本（Best TC）、平均最小最优总成本（Avg. TC）和平均运算时间（Avg. Time，时间单位：s）。20 次运行的平均收敛曲线见图 4.6，为了更清晰地对比收敛曲线，原图的纵坐标由初始的 11000 调整为 6100。

表 4.6　4 种算法运算结果（$P_{ij}\geqslant 0$）

算法		GA	HDE	AHDE	HSDE
最优分组方案		1,1,2,2,2,1	1,1,2,2,2,1	1,1,2,2,2,1	1,1,2,2,2,1
	k	1,1,1,2,1,8	1,1,1,2,1,8	1,1,1,2,1,8	1,1,1,2,1,8
	f	4,3,4,5,2,5	4,3,4,5,2,5	4,3,4,5,2,5	4,3,4,5,2,5
	T	0.1951, 0.3749, -	0.1951, 0.3749, -	0.1951, 0.3749, -	0.1951, 0.3749, -
Best TC		6048.23	6048.23	6048.23	6048.23
Avg. TC		6053.91	6054.83	6051.01	6050.45
Avg. Time（s）		70.6975	73.1831	71.2710	72.9126

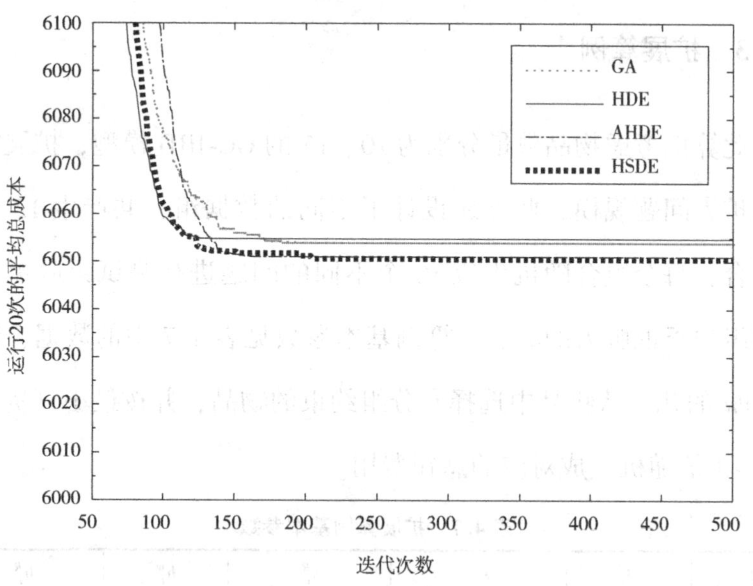

图 4.6　4 种算法求解 GC-JRD（$P_{ij} \geq 0$）收敛曲线

结合表4.6 的结果和图 4.6 的收敛曲线图，可以得出如下结论：①在运算速度上，尽管 HSDE 相较 HDE、AHDE，每一次都需要判断更新变异算子和交叉因子，但是其运算速度（72.9126s）仍然与这两种算法相差不大，介于 AHDE 和 HDE 之间；②在求解质量上，4 种算法均能找到相同的最优解，但是 HSDE 的偏差最小，拥有最低的平均最小最优总成本，AHDE 次之，HDE 的效果最差。图 4.6 中的平均收敛曲线也可反应该结论。

鉴于 HDE 算法综合性能最差，而 HSDE 和 AHDE 在获取最优解质量方面效果相当，而 AHDE 的求解速度相对较快，为了进一步对 DEs 求解 GC-JRD 的性能进行测试，下面将扩大问题规模，通过扩展算例测试 AHDE 在求解更大规模的 GC-JRD 时的效果。

4.4.3 扩展算例

此算例考虑物品数量分别为10、15的GC-JRD模型，扩展算例不仅扩大问题规模，此外还设计了不同的数据组，共产生12个问题组合，每个组合随机生成10个不同的问题进行测试，避免单一数据组缺乏说服力的缺点。算例基本参数见表4.7中的数据，同时按30%的几率从物品中选择有分组约束的物品，并按最小订货成本的2~3倍随机生成对应的惩罚费用。

表4.7 扩展算例基本参数

S^w	D_i	s_i^w	s_i^R	h_i^w	h_i^R
100,200,300	[500,5000]	[10,20],[30,50]	[$0.1s_i^w$,$0.3s_i^w$]	[0.5,3.0]	[$1.2h_i^w$,$2.0h_i^w$]

算法参数设置如下：种群大小 $N_p=5N_d$，最大进化代数 Gen$M$ = 800，其他算法参数保持表4.4中的设置不变。每组数据随机生成的10个问题各重复运行5次，共运行程序12×10×5=600次。对AHDE和GA的性能进行对比，结果见表4.8。

表4.8 随机算例结果比较

n	s_i^w	S^w	%Ⅰ	%Ⅱ	%Ⅲ	Average TC_{AHDE}	Average TC_{GA}	Best% Improve	Worst% Improve	Average% Improve
10	[10,20]	100	**48.00**	26.00	26.00	8267.43	8370.65	8.40	-1.67	1.23
		200	70.00	10.00	20.00	8999.39	9064.88	4.06	-1.55	0.72
		300	66.00	26.00	8.00	10821.90	10954.45	5.12	-0.03	1.21
	[30,50]	100	**52.00**	24.00	24.00	10135.75	10141.13	1.48	-1.15	0.05
		200	62.00	22.00	16.00	11100.57	11319.35	**9.50**	-1.49	**1.93**
		300	56.00	24.00	20.00	12620.34	12812.36	8.36	-1.15	1.50

续表

n	s_i^w	S^w	%Ⅰ	%Ⅱ	%Ⅲ	Average TC_{AHDE}	Average TC_{GA}	Best% Improve	Worst% Improve	Average% Improve
15	[10, 20]	100	100.00	0.00	0.00	10411.20	10514.20	5.37	0.04	0.98
		200	95.00	0.00	5.00	12905.95	12963.10	4.28	**-2.41**	0.44
		300	95.00	0.00	5.00	14587.30	14755.40	4.72	-0.21	1.14
	[30, 50]	100	100.00	0.00	0.00	14387.24	14856.30	6.93	0.25	**3.16**
		200	84.00	0.00	16.00	16455.52	16646.72	**11.63**	-1.82	1.15
		300	86.00	0.00	14.00	18398.44	18522.25	5.08	-1.85	0.67

注：(Ⅰ: $TC_{AHDE} < TC_{GA}$；Ⅱ: $TC_{AHDE} = TC_{GA}$；Ⅲ: $TC_{AHDE} > TC_{GA}$ Best% Improve：$1 - TC_{AHDE}/TC_{GA}$ 中的最大正数；Worst% Improve：$1 - TC_{AHDE}/TC_{GA}$ 中的最大负数；Average% Improve：$1 - TC_{AHDE}/TC_{GA}$ 的平均值)

分析表 4.8 中的结果可以得出以下结论：①在所有算例中 AHDE 总是能找到更好质量的解。AHDE 找到的平均最优总成本总是低于 GA，且在所有问题中，最好情况下，当物品数量分别为 15 和10 时，找到的最优总成本比 GA 找到的最优总成本低 11.63% 和 9.5%。②随着问题规模的扩大，AHDE 的优势越明显。当物品数量为 15，次要订货成本 s_i^w = [10, 20] 时，AHDE 找到较好最优解的情况为 96.7%；次要订货成本 s_i^w = [30, 50] 时，AHDE 找到较好最优解的比率为 90%。综合以上分析可知，基于 DE 的混合自适应类算法更稳定，具有更高的鲁棒性，更适合处理复杂问题。

4.5 本章小结

在全球采购背景下，随着配送中心的兴起，补货与配送的协同优化逐渐成为众多学者关注的焦点。鉴于联合补货策略的优势，本章针对现实物流运作中，某些异质物品联合运输需要额外设备，相应会增加运输成本的情况，考虑了有分组约束的 JRD 问题。

抽象现实问题，在采购与配送两个过程中，针对异质物品的联合运输，在 JRD 总成本结构中，加入了惩罚费用，构建了带分组约束的 JRD 模型。考虑到模型的难解性，首先对模型总成本函数性质进行分析，进而分析决策变量的最优性质，降低模型的求解难度。在此基础上，利用改进的 DEs 算法以及求解类似 JRD 的 GA 算法对提出的 GC-JRD 模型进行求解，并比较各种算法性能。

为了对模型和算法性能进行测试，算例分析部分首先求解特殊情况下（即惩罚费用为零时的情况）的 GC-JRD，用以验证模型；随后进行仿真实验和扩展算例分析，对算法性能进行测试。结果证明，改进的混合自适应 DEs 在求解 GC-JRD 时，具有较好的性能。此外，HSDE 算法在无人工参数测试的情况下，其寻求最优解的能力与 AHDE 算法参数在进行人工参数测试取值后的能力几乎无差异，而且 HSDE 的收敛速度更快。可见，HSDE 更适合求解复杂的优化问题，一方面可以免去大量的人工参数测试流程；另一方面其收敛速度的优势，在大规模问题中可以发挥更大的优势。因此，后续章节中，AHDE 将保持本章中的参数值，与 HSDE 算法进行进一步对比。

第5章 考虑车辆路径的联合补货—配送协同优化模型

本章研究的供应链体系同第4章，是由多个供应商，一个中心仓库和多个零售商构成的供应链集成系统，中心仓库从多个零售商处采购多种物品，并将各种物品配送到对应零售商。不同之处是在联合配送过程中考虑了车辆路径，由于联合补货与配送中的车辆路径问题随着配送期不同，配送客户也随之变动，复杂度大大提升。考虑到模型的难解性以及研究的循序渐进，构建了无分组约束的带车辆路径问题的联合补货—配送（joint replenishment and delivery with vehicle routing，VR-JRD）的协同优化模型，在重新设计求解方案的基础上，利用HSDE求解模型，探索其应用价值。

5.1 问题提出

在实际的配送环节，特别是同时配送到多个零售商时，配送路径的选择是一个不可避免的优化问题。但是JRD中的配送路径问题不同于传统的VRP问题，传统的VRP问题中，服务的客户群是固定的；而JRD中的配送路径问题，不同的时间配送的客户不尽相同（即服务的客户群在配送周期内是变动的），每次配送的客户群是决策变量的隐函数。因此，在求解VR-JRD时，如何确定一个配送周期内每次配送的客户群本身就是VR-JRD的一个子问题，故问题难度大大提升。正因为问题的复杂度高，目前有关JRD的研究假设太强，配送费用基本都是线性函数，很少涉及运输路径问题。尽管Qu等（1999），Wang等（2012d）考虑了车辆路径问题，但是他们的研究实际上是JRP补货过程中的取货问题，没有考虑配送过程中的送货问题，不是真正意义上的JRD。Cha等（2008）由于没有考虑配送路径，配送成本仅仅是物品每次的出站成本，因此其配送策略为点到点配送，没有考虑物品的联合运输。Moon等（2011）在Cha等（2008）的基础上，考虑了配送末期的拼货策略，但是仍然没有考虑配送路径。本章研究的配送过程克服Moon等（2011）和Cha等（2008）的缺陷，考虑物品的联合配送，并对该阶段运输的路径进行研究，构建了VR-JRD模型，模拟更贴近现实的JRD运作流程。

本章研究的问题与Moon等（2011）的主要区别在于：①在现实运作方面，配送模式发生了变化，本研究中为完全联合配送，而Moon等（2011）中只在每个配送循环周期的最后阶段考虑了物品的拼货配送，属于部分联合配送；②在模型构建方面，本研究中的配送费用为非线性函数，主要的建模难点在于，JRD 模型中如果进行联合配送，在配送循环周期内，不同的配送阶段，配送的客户集不同，具体的服务客户由决策变量补货周期乘子和配送频次联合决定；③ 针对模型的特点，选取了智能优化算法求解模型。

5.2　VR-JRD 模型构建

5.2.1　模型假设与符号标识

VR-JRD 模型的成本结构主要包括补货成本、中心仓库和零售商的库存持有成本、配送成本（包括出站成本和配送路径成本）。目标是确定最优的补货周期、配送频次以及由此确定的最优路径，使系统总成本最低。

本章数学模型中使用的符号标识如下：

i——物品标识，$1 \leqslant i \leqslant n$；

n——物品种类总数；

D_i——物品 i 的年平均需求率；

S^w——中心仓库的主要订货成本，即固定订货成本；

s_i^w——中心仓库订货物品 i 的次要补货成本，即物品 i 的订购成本；

h_i^w——物品 i 在中心仓库的年平均单位库存费用；

s_i^R——物品 i 的出站费用；

h_i^R——物品 i 在零售商处的年单位库存费用；

c——单位物品单位里程的运输费用；

R——所有物品种类的集合；

L——R 的所有子集总数，$L=\sum_{t=1}^{n}C_n^t$；

R_l——R 的子集，包含部分或全部物品种类的集合，$R_l\subseteq R$，$1\leqslant l\leqslant L$；

α_{R_l}——整数，在 lcm（k_1，k_2，…，k_n）T 的时间间隔内配送集合 R_l 中的物品到指定零售商的次数，$\alpha_{R_l}=0$，1，2，3，…；

d（R_l）——配送集合 R_l 中的物品到指定零售商的最短路径；

T——基本补货周期（决策变量）；

k_i——周期乘子，整数，物品 i 的补货周期所包含的补货周期数（决策变量）；

f_i——整数，物品 i 的配送频次（决策变量）。

5.2.2 数学模型

1. 订货成本

订货成本由主要订货成本和次要订货成本组成，年平均总订货成本

$$C_S^w=\frac{S^w}{T}+\sum_{i=1}^{n}\frac{s_i^w}{k_iT}$$

2. 库存持有成本

由第 4 章的分析可知，中心仓库年平均库存持有成本

$$C_{\mathrm{H}}^{w} = \sum_{i=1}^{n} \frac{(f_i - 1)k_i TD_i h_i^w}{2f_i}$$

零售商处的总平均库存持有成本

$$C_{\mathrm{H}}^{R} = \sum_{i=1}^{n} \frac{k_i TD_i h_i^R}{2f_i}$$

3. 配送成本

本章在配送阶段考虑了配送时的路径，因此，配送成本为出站费用和路径费用。出站费用同 Cha 等（2008）；对于路径费用，由于物品 i 在 k_iT 的时间间隔内配送到指定客户，故每间隔 lcm（k_1，k_2，…，k_n）T 将重复相同的配送行为。在时间间隔 lcm（k_1，k_2，…，k_n）T 内，假设配送服务 R_l 中的客户集最短路径为 d（R_l）、服务该客户集的次数为 α_{R_l}，则总路径成本为 $c\alpha_{R_l}d$（R_l）。那么年平均配送成本可表述如下：

$$C_{\mathrm{D}}^{w} = \sum_{i=1}^{n} \frac{f_i s_i^R}{k_i T} + \sum_{l=1}^{L} \frac{c\alpha_{R_l} d(R_l)}{\mathrm{lcm}(k_1, k_2, \cdots, k_n)T}$$

式中：α_{R_l} 由 k_i，f_i 确定；d（R_l）则由集合 R_l 中物品对应的需求方距离确定，本模型假设车辆容量无限，故最短路径 d（R_l）可看作是从中心仓库运输 R_l 中物品到指定零售商的 TSP 问题。5.2.3 节模型分析中将对这两处做详细描述。

因此，年平均总成本

$$TC = C_{\mathrm{S}}^{w} + C_{\mathrm{H}}^{w} + C_{\mathrm{D}}^{w} + C_{\mathrm{H}}^{R} = \left[\frac{S^w}{T} + \sum_{i=1}^{n} \frac{s_i^w}{k_i T}\right] + \sum_{i=1}^{n} \frac{(f_i - 1)k_i TD_i h_i^w}{2f_i} +$$

$$\left[\sum_{i=1}^{n} \frac{f_i s_i^R}{k_i T} + \sum_{l=1}^{L} \frac{c\alpha_{R_l} d(R_l)}{\mathrm{lcm}(k_1, k_2, \cdots, k_n)T}\right] + \sum_{i=1}^{n} \frac{k_i TD_i h_i^R}{2f_i}$$

$$= \frac{1}{T}\left[S^w + \sum_{i=1}^{n}\frac{s_i^w}{k_i} + \sum_{i=1}^{n}\frac{f_i s_i^R}{k_i} + \sum_{l=1}^{L}\frac{c\alpha_{R_l} d(R_l)}{\mathrm{lcm}(k_1, k_2, \cdots, k_n)}\right] +$$

$$\frac{T}{2}\left[\sum_{i=1}^{n} k_i D_i\left(h_i^w + \frac{h_i^R - h_i^w}{f_i}\right)\right] \tag{5.1}$$

那么，带车辆路径的 JRD 模型可表述如下：

$$\mathrm{Min}TC = \frac{1}{T}\left[S^w + \sum_{i=1}^{n}\frac{s_i^w}{k_i} + \sum_{i=1}^{n}\frac{f_i s_i^R}{k_i} + \sum_{l=1}^{L}\frac{c\alpha_{R_l} d(R_l)}{\mathrm{lcm}(k_1, k_2, \cdots, k_n)}\right] +$$

$$\frac{T}{2}\left[\sum_{i=1}^{n} k_i D_i\left(h_i^w + \frac{h_i^R - h_i^w}{f_i}\right)\right]$$

s.t. $T>0$；k_i，$f_i \in \{1, 2, \cdots, \text{正整数}\}$ (5.2)

5.2.3 模型分析

1. 基本补货周期 T 的最优性质

令 $A = S^w + \sum_{i=1}^{n}\frac{s_i^w}{k_i} + \sum_{i=1}^{n}\frac{f_i s_i^R}{k_i} + \sum_{l=1}^{L}\frac{c\alpha_{R_l} d(R_l)}{\mathrm{lcm}(k_1, k_2, \cdots, k_n)}$；

$B = \sum_{i=1}^{n} k_i D_i\left(h_i^w + \frac{h_i^R - h_i^w}{f_i}\right)$，式（5.1）可表示为

$$TC = \frac{A}{T} + \frac{BT}{2} \tag{5.3}$$

从式（5.3）可以看出，VR-JRD 模型中的总成本函数与 GC-JRD 模型中的总成本函数具有相似的结构，均为决策变量——基本补货周期的凸函数。当 $\partial TC/\partial T = 0$ 时，可得最优基本补货周期

$$T^* = \sqrt{2A/B} \tag{5.4}$$

当 k_i，f_i 确定时，将 T^* 代入式（5.3），可得对应的最优总

成本

$$TC^* = \sqrt{2 \cdot A \cdot B} \tag{5.5}$$

故一旦找到 k_i，f_i 的最优解 k_i^*，f_i^*，则系统最优总成本即可通过式（5.5）确定。因此，通过以上分析，只要确定了 k_i^*，f_i^*，通过式（5.4）得到 T^*，进而通过式（5.5）即可得到系统最优总成本。

2. 运输次数 α_{R_l} 和最短路径 d（R_l）的确定

Qu 等（1999），Wang 等（2012d）中基于 JR 的路径问题，考虑的是补货时的取货过程，物品在补货循环周期内，与哪些物品会同时运输，以及运输多少次，由周期乘子 k_i 决定。例如，考虑4 种物品，假设周期乘子分别为 1，2，2，1，那么在补货循环周期 2T 内，4 种物品在第一个 T 同时运输 1 次；物品 1 和物品 4 在第二个 T 同时运输 1 次，按此规律重复以上的取货过程。表 5.1 是上例中 JRP 取货时间的简要描述，其中√表示对应的时间进行取货。

表 5.1　JRP 取货时间表

物品	T	2 T	3 T	4 T	5 T	……
1	√	√	√	√	√	……
2	√		√		√	……
3	√		√		√	……
4	√	√	√	√	√	……

与 Qu 等（1999），Wang 等（2012d）的模型不同，本章所提出的模型要回答如下两个问题：①哪些物品会同时配送？②每组物品在循环周期内各配送多少次？则需要同时考虑 k_i，f_i，运输次

数 α_{R_l} 由 k_i，f_i 确定。由于物品 i 运输的时间间隔为 $\frac{k_i}{f_i}$，该值为分数，在统计物品运输次数，特别是确定哪些物品同时运输时比较复杂，故可采取分母统一化的方法，将所有物品的分母全部统一为 f_i 的最小公倍数，这样可以剔除分母的影响。即令 $\frac{k_i'}{f_i'}=\frac{k_i \cdot \beta_i}{\mathrm{lcm}\ (f_1,\ f_2,\ \cdots,\ f_n)}$，这里 $\beta_i=\frac{\mathrm{lcm}\ (f_1,\ f_2,\ \cdots,\ f_n)}{f_i}$，经过通分处理，那么问题就转化为分析 $\mathrm{lcm}\ (f_1,\ f_2,\ \cdots,\ f_n)\ \cdot \mathrm{lcm}\ (k_1,\ k_2,\ \cdots,\ k_n)\ T$ 时间间隔内，物品配送周期为 k_i' 时，哪些物品在一起运输，共运输几次。该转化后的问题类似于表 5.1 中的例子。

给定 k_i，f_i 后，即可通过上述方式确定 α_{R_l}。至于最短路径 $d\ (R_l)$，属于 TSP 问题，只要给定 R_l 中的客户集，即可求得，具体求解方案见 5.3 节。

5.3 求解方案设计

VR-JRD 模型中，中心仓库到 R_l 中客户集的最短路径 $d\ (R_l)$ 的求解是模型求解的一个子问题，对于某一给定的客户集，该问题为经典的 TSP 问题。由于 $d\ (R_l)$ 的确定只与 R_l 和距离参数有关，因此可以考虑先求解 TSP 问题，然后调用 TSP 子问题中得到的最短路径来减少算法运行时间。此外，从 5.2.3 节模型分析部分已经了解，只要确定了 k_i，f_i，总成本函数中 k_i，f_i 的隐函数 α_{R_i} 就能确定。本节将分别对 VR-JRD 模型的编码方式以及 TSP 子问题的处理方式进行描述，在此基础上给出 HSDE 求解 VR-JRD 模型的流程。

1. 种群个体表示

鉴于5.2.3节的分析，染色体编码必须包含3个部分：①补货周期乘子 k_i；②配送频次 f_i；③HSDE 控制参数。图5.1显示了5个物品的一个解码后的个体信息。

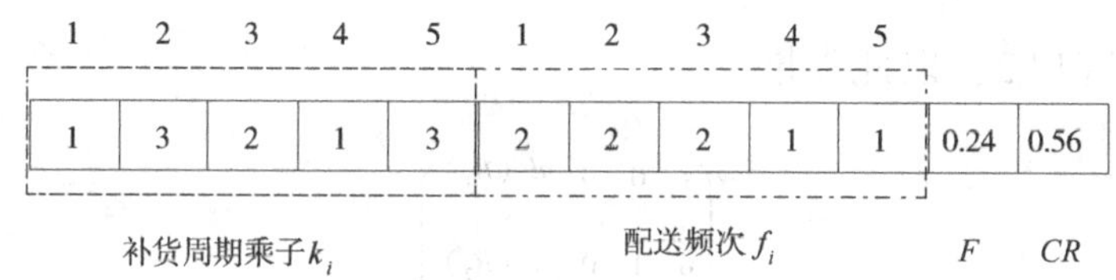

图5.1　解码后的个体（$n=5$）

图5.1的含义如下：物品1每隔 T 进行补货，分2次进行配送；物品2每隔 $3T$ 进行补货，分2次进行配送；以此类推。

2. TSP 子问题处理

经典 TSP 问题目前已有多种求解方式，但是 VR-JRD 模型中，由于不同的时间配送时服务的客户不尽相同，这成为 VR-JRD 模型求解的一个难点。在求解时，每个个体都要分析 k_i，f_i 在配送循环期内不同配送时间的 TSP 问题，因此需要反复地求解 TSP 子问题，增加了算法求解的难度，此外不同个体在不同配送期服务的客户集往往存在重复性，考虑到这些因素，本模型在求解时，设计了如下的方案，以避免重复运算，提高算法效率。

（1）求解所有可能客户子集的 TSP 问题，然后将得到的最短路

径 $d(R_l)$ 存储。

(2) 在后期求解 VR-JRD 时，对客户子集进行匹配运算，然后直接调取对应的最短路径值。

例如，如果有 n 个客户，可以生成 $L\times n$ 的 0，1 矩阵表示所有的客户子集；然后计算所有客户子集的最短路径存储到 $n+1$ 列。图 5.2 是 3 个客户的一个 TSP 求解值的存储方式，其中行表示不同的客户集，例如第 1 行表示只配送到客户 1；第 4 行表示配送到客户 1 和客户 2；以此类推。

$$\begin{pmatrix} 1 & 0 & 0 & d(R_1) \\ 0 & 1 & 0 & d(R_2) \\ 0 & 0 & 1 & d(R_3) \\ 1 & 1 & 0 & d(R_4) \\ 1 & 0 & 1 & d(R_5) \\ 0 & 1 & 1 & d(R_6) \\ 1 & 1 & 1 & d(R_7) \end{pmatrix}$$

图 5.2　TSP 值存储方式

经过以上处理，可以减少算法运算，提高算法效率，特别是当客户总数较少时，效果更明显。例如，如果有 3 个客户，那么所有可能的客户子集为 7，求解 7 次 TSP 即可得到所有可能客户子集的最短路径；而直接求解，假设 $\text{lcm}(k_1, k_2, \cdots, k_n)T$ 周期内有 row1（$1\leqslant$row1$\leqslant 7$）种客户组合，则需要求解 TSP 的次数为 $\text{Gen}M\times N_p\times \text{row1}$。

3. 基于 HSDE 算法的 GC-JRD 模型求解流程

（1）初始化。根据设计的个体结构，染色体长度应为 $2n+2$，初始值每个染色体的基因位置均随机生成［0，1］之间的随机数，求解函数值时，通过式（5.6）解码为实际值。

$$x_{t,d}^{0}=\text{round}\left(x_d^L+\text{gene}(d)*(x_d^U-x_d^L)\right),\ d=1,2,\cdots,N_d;$$
$$x_d^L<x_d<x_d^U \tag{5.6}$$

式中：gene（d）为个体中第 d 个基因位置的值，x_d^L，x_d^U 分别是第 d 个位置对应变量的下界和上界。

同第4章的方法，本章直接将 k_i 与 f_i 的上界定为20，该值为 Cha 等（2008）中最优解的5倍多，这两组决策变量的下界定为1。

（2）目标函数值计算。k_i 与 f_i 确定后，计算配送循环周期 lcm（k_1，k_2，…，k_n）T 内的联合配送的物品集合，及对应物品集合的配送次数 α_{R_l}；由得到的联合配送物品集合结合物品需求信息，确定配送该集合内物品需要访问的客户；根据访问的客户集查找 TSP 问题中匹配的最短路径 d（R_l）；通过 k_i 和 f_i 得到 α_{R_l} 和 d（R_l）后，根据式（5.4）求出 T^*，式（5.5）求出对应的目标函数值。

（3）按3.2节中的流程执行 HSDE 的变异、交叉、选择运算。

（4）当循环达到给定的最大迭代次数时，算法结束，给出结果；否则重复（2）~（3）。

5.4 算例分析

本节算例分析的实验安排如下：首先考虑6种物品、3个零售商的基础算例；再扩大问题规模，分析HSDE算法的求解性能；最后，在加入路径费用后，对比联合配送策略与独立配送策略的差距，为企业决策提供合理的辅助支持。

5.4.1 基础算例

由于本章所提出的VR-JRD之前没有学者研究，因此基础算例中，物品数据信息仍然采用Cha等（2008）中的数据（见表5.2），共6种物品。假定6种物品的需求来源于3个零售商，零售商与物品的对应信息见表5.3，中心仓库与各零售商的距离见表5.4（Wang et al，2012d），单位物品单位距离的配送费用$c=0.1$。

表5.2 基础算例物品参数（$S^w=200$）

物品 i	1	2	3	4	5	6
D_i	10000	5000	3000	1000	600	200
s_i^w	45	46	47	44	45	47
h_i^w	1	1	1	1	1	1
s_i^R	5	5	5	5	5	5
h_i^R	1.5	1.5	1.5	1.5	1.5	1.5

表 5.3 零售商与物品需求关系

零售商	物品 1	物品 2	物品 3	物品 4	物品 5	物品 6
零售商 1	1	0	0	0	0	1
零售商 2	0	1	0	0	1	0
零售商 3	0	0	1	1	0	0

表 5.4 中心仓库与零售商两两之间的距离

仓库与零售商	中心仓库	零售商 1	零售商 2	零售商 3
中心仓库	0	11	9	7
零售商 1	11	0	5	8
零售商 2	9	5	0	10
零售商 3	7	8	10	0

本章中 HSDE、AHDE 和 GA 算法的参数设置仍然采用第 4 章中的值。在 Matlab 中分别应用 3 种算法求解 VR-JRD 模型 20 次，运算结果见表 5.5，其中包括 20 次运算得到的最好最优解，20 次运算得到的最好最优总成本统计结果（最好最优总成本 Best *TC*、最差最优总成本 Worst *TC*、平均最好最优总成本 Avg. *TC*、找到最好最优总成本的比率），以及平均 CPU 运算时间（Avg. Time（s））。图 5.3 为 3 种算法 20 次运算的平均收敛曲线图。

表 5.5 3 种算法运行 20 次最优结果统计（$n=6$）

算　法		GA	AHDE	HSDE
最优解	k	1, 1, 1, 2, 2, 4	1, 1, 1, 2, 2, 4	1, 1, 1, 2, 2, 4
	f	3, 3, 3, 3, 2, 2	3, 3, 3, 3, 2, 2	3, 3, 3, 3, 2, 2
	T	0.1893	0.1893	0.1893
配送序列（$\mathrm{lcm}(k_1,k_2,\cdots,k_n)T$）		0-2-1-3-0(**12** *)	0-2-1-3-0(**12** *)	0-2-1-3-0(**12** *)
Best *TC*		4890.7	4890.7	4890.7
Worst *TC*		4890.7	4890.7	4890.7

续表

算　法	GA	AHDE	HSDE
Avg. *TC*	4890. 7	4890. 7	4890. 7
Ratio to find the Best *TC*	20/20	20/20	20/20
Avg. Time(s)	29. 6410	27. 8341	27. 7970

表5. 5 中，配送序列（Delivery sequences）中，“0”表示中心仓库；1、2、3 分别对应零售商1、零售商2 和零售商3；12 * 表示在 lcm（k_1，k_2，…，k_n）T 周期间隔内对应的客户序列 0-2-1-3-0 配送次数（下同）。

从表5. 5 中可以看出，当问题规模较小时，以上3 种算法均可以100% 收敛到最好最优解。在运算时间上，AHDE 和 HSDE 相对比 GA 快。此外从图5. 3 的收敛曲线可以看出，GA 虽然前期收敛速度较快，但是后期比较缓慢，相比 AHDE 和 HSDE 总体收敛速度最慢；HSDE 在3 种算法中，综合收敛效果最好。

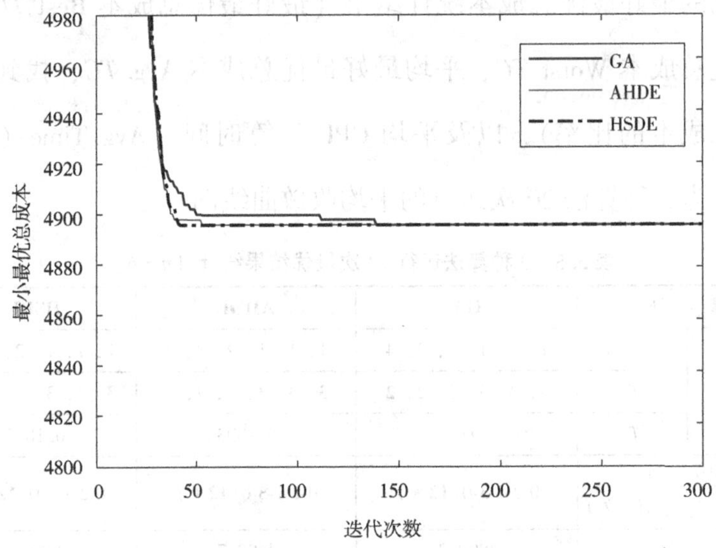

图5. 3　求解 VR-JRD 平均收敛曲线（$n=6$）

5.4.2 扩展算例

为了进一步对算法性能进行测试，下面考虑扩大问题规模，求解物品种类为 10，零售商数量为 6 的 VR-JRD。实验数据见表 5.6 ~ 表 5.8。

表 5.6 扩展算例物品参数（$S^w=200$，$c=0.1$）

物品	D_i	s_i^w	h_i^w	s_i^R	h_i^R
物品 1	10000	45	1	5	1.5
物品 2	5000	46	1	5	1.5
物品 3	3000	47	1	5	1.5
物品 4	1000	44	1	5	1.5
物品 5	600	45	1	5	1.5
物品 6	200	47	1	5	1.5
物品 7	900	46	1	5	1.5
物品 8	1200	43	1	5	1.5
物品 9	6000	45	1	5	1.5
物品 10	700	44	1	5	1.5

表 5.7 零售商与物品需求关系

物品	零售商 1	零售商 2	零售商 3	零售商 4	零售商 5	零售商 6
物品 1	1	0	0	0	0	0
物品 2	0	1	0	0	0	0
物品 3	0	0	1	0	0	0
物品 4	0	0	1	0	0	0
物品 5	0	0	0	1	0	0
物品 6	0	0	0	1	0	0
物品 7	0	0	0	0	1	0
物品 8	0	0	0	0	1	0
物品 9	0	0	0	0	0	1
物品 10	0	0	0	0	0	1

表 5.8　各零售商和中心仓库的坐标信息

零售商、仓库	X 坐标	Y 坐标
中心仓库	265	257
零售商 1	295	272
零售商 2	301	258
零售商 3	309	260
零售商 4	217	274
零售商 5	218	278
零售商 6	282	267

同样采用 GA、AHDE 和 HSDE 三种智能优化算法求解物品数量为 10，零售商为 6 的 VR-JRD，在相同的参数设置和运行平台上各运行 20 次，平均收敛曲线见图 5.4，运算结果见表 5.9。

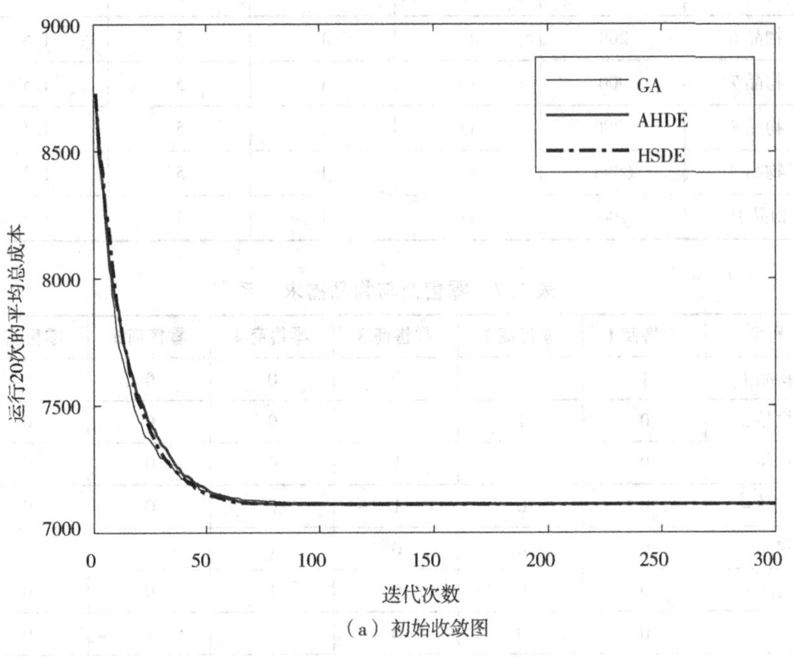

（a）初始收敛图

图 5.4　求解 VR-JRD 平均收敛曲线（$n=10$）

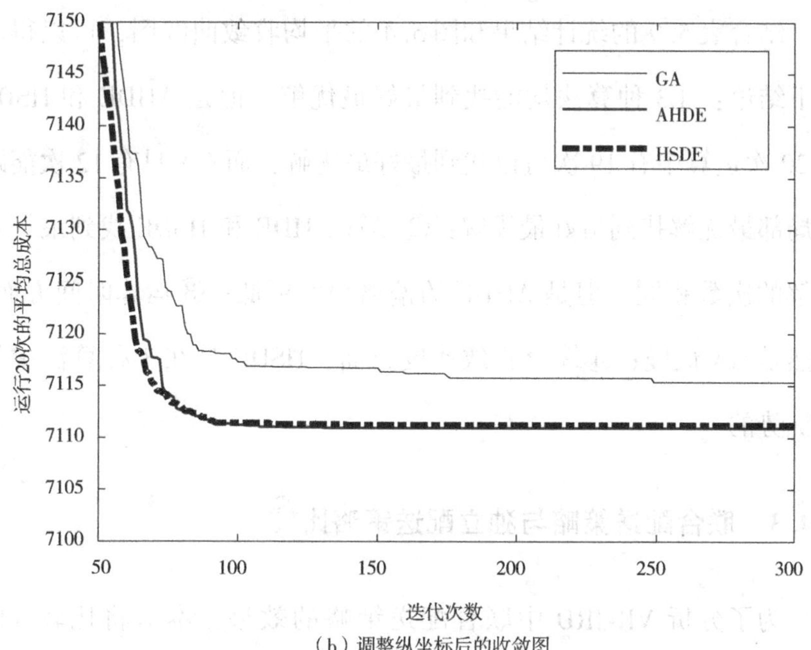

（b）调整纵坐标后的收敛图

图 5.4　求解 VR-JRD 平均收敛曲线（$n=10$）（续）

表 5.9　3 种算法运行 20 次最优结果统计（$n=6$）

算法		GA	AHDE	HSDE
最优解	k	1，1，1，2，2，4，2，2，1，2	1，1，1，2，2，4，2，2，1，2	1，1，1，2，2，4，2，2，1，2
	f	3，3，3，3，2，2，2，2，3，2	3，3，3，3，2，2，2，2，3，2	3，3，3，3，2，2，2，2，3，2
	T	0. 1785	0. 1785	0. 1785
配送序列（$\mathrm{lcm}(k_1,k_2,\cdots,k_n)T$）		0-3-1-2-6-0(**8**∗) 0-3-1-2-6-5-4(**4**∗)	0-3-1-2-6-0(**8**∗) 0-3-1-2-6-5-4(**4**∗)	0-3-1-2-6-0(**8**∗) 0-3-1-2-6-5-4(**4**∗)
Best *TC*		7110. 8	7110. 8	7110. 8
Worst *TC*		7139. 8	7114. 3	7120. 2
Avg. *TC*		7115. 3	7110. 9	7111. 2
Ratio to find the Best *TC*		12/20	19/20	19/20
Avg. Time(s)		141. 7084	133. 3931	137. 2851

结合表5.9的统计结果和图5.4的平均收敛曲线图，可以得出如下结论：①3种算法均能找到最好最优解，但是AHDE和HSDE在20次运算中有19次可以找到最好最优解，而GA只有12次能跳出局部最优解找到最好最优解；②尽管AHDE和HSDE找到最好最优解的次数相同，但是AHDE的偏离程度更低；③运算时间方面，仍然是GA最慢；④综合收敛速度方面，HSDE是在3种算法中最有优势的。

5.4.3 联合配送策略与独立配送策略比较

为了分析VR-JRD中联合配送策略的效果，本节将比较VR-JRD中的联合配送策略与独立配送策略，同时测试相关参数对决策的影响。Cha等（2008）中JRD为独立配送策略，且只考虑了出站费用，没有考虑路径费用，下面首先在Cha等（2008）的JRD中加入路径费用，对比本章的联合配送策略。

1. 独立配送策略下的VR-JRD

在独立配送策略下，如果考虑路径费用，则单位时间内的配送费用

$$C_D^w = \sum_{i=1}^{n} \frac{f_i s_i^R}{k_i T} + \sum_{i=1}^{n} \frac{cf_i d_{0p} x_{pi}}{k_i T}$$

式中：“0”表示中心仓库；d_{0p}则表示中心仓库到零售商p的距离；

$$x_{pi} = \begin{cases} 1，零售商p需要物品i \\ 0，零售商p不需要物品 \end{cases}$$

则独立配送策略下 VR-JRD 模型为

$$\text{Min } TC = \frac{1}{T}\left[S^w + \sum_{i=1}^{n}\frac{s_i^w}{k_i} + \sum_{i=1}^{n}\frac{f_i s_i^R}{k_i} + \sum_{i=1}^{n}\frac{cf_i d_{0p} x_{pi}}{k_i}\right] + \frac{T}{2}\left[\sum_{i=1}^{n} k_i D_i\left(h_i^w + \frac{h_i^R - h_i^w}{f_i}\right)\right] \tag{5.7}$$

s.t. $T>0$；k_i，$f_i \in \{1, 2, \cdots, \text{正整数}\}$

令 $A = S^w + \sum_{i=1}^{n}\frac{s_i^w}{k_i} + \sum_{i=1}^{n}\frac{f_i s_i^R}{k_i} + \sum_{i=1}^{n}\frac{cf_i d_{0p} x_{pi}}{k_i}$；

$B = \sum_{i=1}^{n} k_i D_i\left(h_i^w + \frac{h_i^R - h_i^w}{f_i}\right)$，同联合配送策略模型，当 k_i，f_i 确定时，可得到最优基本补货周期 T 的性质如下：

$$T^* = \sqrt{2A/B}$$

2. 基础算例对比

鉴于基础算例中 3 种算法均可以 100% 得到最好最优解，因此这里的对比算例选择基础算例中的参数为实验参数，利用 HSDE 算法对比两种策略下的 VR-JRD 模型，结果见表 5.10。

表 5.10 联合配送策略与独立配送策略比较

策略		联合配送	独立配送
最优解	k	1，1，1，2，2，4	1，1，1，2，2，4
	f	3，3，3，3，2，2	4，3，2，3，2，2
	T	0. 1893	0. 1904
交付顺序 （$\text{lcm}(k_1, k_2, \cdots, k_n)T$）		0-2-1-3-0（**12** *）	0-1-0（**18** *） 0-2-0（**16** *） 0-3-0（**14** *）
Best TC		4890. 7	4887. 0

表5.10的结果结合距离参数可知，当不考虑车辆使用费用等额外费用，且中心仓库与零售商之间、各零售商之间的距离相差不大时，联合配送策略几乎没有优势，独立配送策略效果更好。

鉴于以上结果，下面将变动中心仓库至各零售商处的距离参数，对两种策略下的VR-JRD进行比较。表5.11为中心仓库至各零售商处的距离在-60%至60%之间变动时，两种策略下的最优解和最优总成本。

表5.11 不同 d_{0p} 下两种配送策略的结果

Δd_{0p}	联合配送				独立配送			
	k_i	f_i	T	TC	k_i	f_i	T	TC
-60%	1,1,1,2,2,4	3,3,2,2,2,2	0.1859	4880.9	1,1,1,2,2,4	4,3,2,3,2,2	0.1890	4852.2
-40%	1,1,1,2,2,4	3,3,2,2,2,2	0.1861	4885.0	1,1,1,2,2,4	4,3,2,3,2,2	0.1895	4863.8
-20%	1,1,1,2,2,4	3,3,3,3,2,2	0.1892	4887.9	1,1,1,2,2,4	4,3,2,3,2,2	0.1900	4875.4
20%	1,1,1,2,2,4	3,3,3,3,2,2	0.1894	4892.9	1,1,1,2,2,4	4,3,2,3,2,2	0.1909	4898.5
40%	1,1,1,2,2,4	3,3,3,3,2,2	0.1895	4895.1	1,1,1,2,2,4	4,3,2,3,2,2	0.1913	4910.1
60%	1,1,1,2,2,4	3,3,3,3,2,2	0.1896	4897.4	1,1,1,2,2,4	4,3,2,2,2,2	0.1905	4921.5

从表5.11中可以看出：①随着中心仓库至各零售商之间距离的增加，联合配送中的基本补货周期也随之增加，这意味着当中心仓库离零售商之间距离增加时，配送周期也延长；②当 Δd_{0p} 在20%～60%之间变动时，联合配送的VR-JRD的总成本由于独立配送的VR-JRD，这个时候更适合采取联合配送策略。如果考虑到配送中的车辆使用费等情况，联合配送策略节约的成本会更多。

5.5　本章小结

在配送中，用路径费用度量配送费用是最直接的一种方式，也是研究中最常用的方式。本章在现有 JRD 的研究上，考虑了更符合实际的带车辆路径的 JRD 问题。

首先构建了联合配送策略下带车辆路径的 JRD 模型，由于车辆路径问题和 JRD 均被证实为 NP-hard 难题，考虑车辆路径的 JRD，每个配送周期，配送客户集会变动，难度更大。针对模型特点，在对模型相关决策变量性质分析的基础上，分两步对模型求解。第一步，求解 TSP 问题，获得从中心仓库配送到所有可能客户集的最短路径，并保存；第二步，求解 VR-JRD 模型，在此过程中匹配客户集并调用保存的最短路径。在求解时使用了易实施、鲁棒性好的 HSDE 算法。通过算例分析，验证了 HSDE 是一种求解 VR-JRD 问题的有效算法。

为了对比分析 VR-JRD 中联合配送策略的效果，在算例分析中，构建了独立配送策略下带路径费用的 JRD 模型。对比结果以及距离参数敏感性分析说明，在单纯性考虑出站成本和路径成本时，联合配送策略并不适用所有的情况。当中心仓库到各零售商的距离和各零售商之间的距离相差不大时，独立配送策略效果更好。但是由于现实中，存在车辆折旧以及劳务费，因此综合现实情况，联合配送策略更实用。

尽管本章研究的 VR-JRD 在 JRD 领域有所突破，也更符合实际，但是考虑的背景是确定需求下的情况，也没有车辆容量等现实约束，后期的研究可以进一步放松假设条件，构建更合理的模型。同时，继续在求解方法上寻求新突破。

第6章 确定需求下基于JR策略的选址—库存优化模型

本章研究的是联合补货（joint replenishment，JR）策略与战略层选址决策协同优化的问题，相较Silva和Gao（2013），构建了更具通用性的基于JR策略的选址—库存（joint replenishment and location-inventory problem，JR-LIP）模型。在此基础上，安排实验算例，利用本书提出的HSDE算法对模型求解，通过对比分析Silva和Gao（2013）中的算法以及本书中提及的其他智能优化算法，验证了HSDE的有效性。

6.1 问题提出

随着全球物流的迅猛发展，企业面临着高昂的配送费用，在这种背景下，配送中心的选址问题就显得尤为重要，但是如果独立考虑配送中心的选址问题，无疑会产生次优化决策。因此，当企业需要建立或新增配送中心时，应综合分析候选配送中心所服务客户的历史需求数据以及与配送中心的距离等因素，协同考虑补货、库存、选址等决策，平衡各项费用，使系统总成本最低，获得整体最优化决策。可见，综合考虑供应链中不同层次的决策，可以尽可能避免因单独对某一物流活动进行优化而产生次优决策。但是，现实问题与模拟决策之间存在这样的矛盾，综合考虑的决策越多，问题就越复杂，也越难解。因此，构建贴近现实需要的协同优化模型，并找到恰当的求解算法显得尤为迫切。

尽管 JR 策略已经被证实是一种有效的补货策略，但是目前其协同问题的研究，多是与配送决策的协同，几乎很少涉及与战略层选址决策的协同。鉴于 JR 策略在库存领域发挥的重要作用，本章在 Silva 和 Gao（2013）的基础上，重构了更具通用性的基于 JR 策略的 JR-LIP 模型。此外，由于启发式算法针对不同的问题，必须找到对应的启发式规则，算法缺乏通用性。而 Silva 和 Gao（2013）中的 Add/Drop 方法更适合求解给定配送中心数量背景下的 JR-LIP 模型，当问题规模很大时，难以确定配送中心的最优数量。鉴于以上因素，本章利用本书提出的 HSDE 智能优化算法求解 JR-LIP 模型，探索 JR-LIP 模型求解的新方向。

本章研究的问题中，考虑的是单一物品，每个客户点均为可能的配送中心备选点，配送中心根据所分配客户的需求，确定物品的总需求，并从外部供应商处采购物品满足所分配客户的需求。与传统的联合补货策略的基本概念不同，传统的 JR 策略中，是某一企业或中心仓库对不同物品进行联合补货；而本问题是同一物品不同配送中心的联合补货。图 6.1 为 JR-LIP 的一个简要图示。

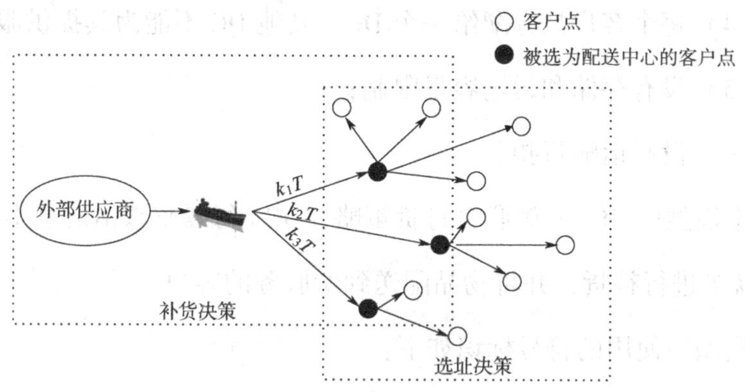

图 6.1　JR-LIP 结构图示

6.2　JR-LIP 模型构建

6.2.1　模型假设与符号标识

考虑由多个配送中心（distribution centers，DCs）、一个外部供应商和多个客户组成的三层供应链结构，DCs 订购物品并将物品配送到对应的客户，需要确定如下决策使总成本最优：①选址方案，应该建立多少个 DC？在何处建立？②客户分配方案；③订货方案，何时补货？补货量为多少？模型的建立基于如下假设（Silva et al，2013）：

（1）需求率已知且恒定不变；

(2) 不允许缺货；

(3) 补货提前期为常数；

(4) 每个客户只分配给一个 DC，其他 DC 不能为其提供服务；

(5) 没有存储和运输容量限制；

(6) 没有运输折扣。

本模型中 DCs 实施联合订货策略，DC i 每隔整数倍的基本补货周期 $k_i T$ 进行补货，并将物品配送到所服务的客户。

模型中使用的符号标识如下：

n—— DC 数量；

m——客户（DC 备选点）数量；

w——DC 标识，$1 \leqslant w \leqslant n$；

j——客户标识 $1 \leqslant j \leqslant m$；

i——DC 的备选点标识 $1 \leqslant i \leqslant m$；

D_j——客户 j 对物品的年平均需求率；

S——DC 的主要订货成本；

s_i——DC 在备选点 i 的次要订货成本；

h_i——物品在备选点 i 的年平均单位库存费用；

c_{ij}——备选点 i 与客户 j 之间的直线距离（欧氏距离）；

f_i——在备选点 i 建立配送中心的确定费用；

T——基本补货周期（决策变量）；

k_w——周期乘子，正整数，DC w 的补货周期所包含的补货周期数（决策变量）；

P_w——0，1 变量，决定 DC w 是否开放（决策变量），定义为

$$P_w = \begin{cases} 1, & \text{DC } w \text{ 开放,} \\ 0, & \text{其他} \end{cases}$$

Y_{wi}——0，1 变量，决定 DCw 的选址（决策变量），定义为

$$Y_{wi} = \begin{cases} 1, & \text{DC } w \text{ 位于备选点 } i \\ 0, & \text{其他} \end{cases}$$

X_{wj}——0，1 变量，决定客户的分配（决策变量），定义为

$$X_{wj} = \begin{cases} 1, & \text{客户 } j \text{ 被分配到 DC } w \\ 0, & \text{其他} \end{cases}$$

6.2.2　数学模型

本模型是选址决策与经典库存问题 JRP 的协同优化问题，总成本结构包括选址成本和补货库存成本。

1. 选址成本

除去其他决策层的影响和配送的路径问题，选址策略主要考虑的是 DC 的建设费用，以及 DC 到客户点的距离（直接与运输费用相关，在供应链中，通常用距离远近来衡量运输成本）。因此，选址成本如下：

$$C_L = \sum_{w=1}^{n}\sum_{i=1}^{m} f_i Y_{wi} P_w + \sum_{w=1}^{n}\sum_{i=1}^{m}\sum_{j=1}^{m} c_{ij} X_{wj} Y_{wi} P_w$$

2. 联合补货成本

由于模型考虑的是单一物品的 JR-LIP，故模型中，可以将不同 DC 的需求看作不同物品的需求进行联合补货。因此，此处联合补

货成本与经典 JRP 类似，包括主要订货成本、次要订货成本和库存持有成本。不同之处在于本模型中 DC 的补货周期由其累积需求确定，而这个需求量则是客户分配方案的函数，即 $D_w = \sum_{j=1}^{m} D_j X_{wj}$。综上可得，本模型中的联合补货成本

$$C_R = \frac{S}{T} + \sum_{w=1}^{n}\sum_{i=1}^{m}\frac{s_i}{k_w T}Y_{wi}P_w + \sum_{w=1}^{n}\sum_{i=1}^{m}\frac{h_i k_w T D_w}{2}Y_{wi}P_w$$

因此，JR-LIP 的总成本

$$TC = C_L + C_R = \sum_{w=1}^{n}\sum_{i=1}^{m} f_i Y_{wi} P_w + \sum_{w=1}^{n}\sum_{i=1}^{m}\sum_{j=1}^{m} c_{ij} X_{wj} Y_{wi} P_w + \frac{S}{T} + \sum_{w=1}^{n}\sum_{i=1}^{m}\frac{s_i}{k_w T}Y_{wi}P_w + \sum_{w=1}^{n}\sum_{i=1}^{m}\frac{h_i k_w T D_w}{2}Y_{wi}P_w \tag{6.1}$$

JR-LIP 数学模型表述如下：

$$\text{Min } TC(X_{wj}, Y_{wi}, P_w, k_w, T) = \sum_{w=1}^{n}\sum_{i=1}^{m} f_i Y_{wi} P_w + \sum_{w=1}^{n}\sum_{i=1}^{m}\sum_{j=1}^{m} c_{ij} X_{wj} Y_{wi} P_w + \frac{S}{T} + \sum_{w=1}^{n}\sum_{i=1}^{m}\frac{s_i}{k_w T}Y_{wi}P_w + \sum_{w=1}^{n}\sum_{i=1}^{m}\frac{h_i k_w T D_w}{2}Y_{wi}P_w$$

$$\text{s.t.}\quad \begin{cases} \sum_{i=1}^{m} Y_{wi} = 1,\ \forall w \\ \sum_{w=1}^{n} X_{wj} = 1,\ \forall j \\ X_{wj} - P_w \leqslant 0,\ \forall w, \forall j \\ Y_{wi} - P_w \leqslant 0, \forall w, \forall i \\ T \in (0,1), k_w \in \{1,2,\cdots\} \end{cases} \tag{6.2}$$

模型目标是找到最优的 X_{wj}、Y_{wi}、P_w、k_w 和 T，追求使总成本 TC 最小。

6.2.3　模型分析

从式（6.1）不难看出，一旦决策变量 X_{wj}、Y_{wi}、P_w、k_w 确定，那么总成本函数关于决策变量基本补货周期 T 具有与经典 JRP 类似的性质。因此，令 $\partial TC/\partial T = 0$，可得最优 T 的值

$$T^* = \sqrt{2\left(S + \sum_{w=1}^{n}\sum_{i=1}^{m}\frac{s_i}{k_w}Y_{wi}P_w\right)\Big/\sum_{w=1}^{n}\sum_{i=1}^{m}h_i k_w TD_w Y_{wi}P_w} \qquad (6.3)$$

因此，当 X_{wj}、Y_{wi}、P_w、k_w 确定的情况下，可通过式（6.3）得到对应的最优 T，将其代入式（6.1）即可求得对应 X_{wj}、Y_{wi}、P_w、k_w 值的最优总成本。

由于模型为协同优化模型，决策变量组 Y_{wi} 的确定，不仅受选址成本影响，同时也受补货过程中的成本影响，故其值的确定，需要通过总成本值的分析获取；而反过来式（6.3）的最优 T 的值 T^* 又是决策变量组 Y_{wi} 的函数。故本模型中，虽然总成本函数与第4章中的总成本函数性质类似，但是不能直接通过式（6.3）得到 T^*，达到降维的目的。

6.3　求解方案设计

1. 求解思路

从式（6.1）不难看出，本模型中除了主要订货成本外，其他的成本输入参数均与 DC 的位置相关，而 DC 的位置又是模型的决

策变量，因此模型中的成本参数不再像第 4 章和第 5 章是确定值，而是随 DC 位置变化而变化。因此采用了如下思路得到总成本值，并为后续求解方案设计中的编码方案提供思路。

由于成本输入函数均与 DC 的位置相关，故可以考虑将式（6.1）转换为仅包含决策变量 Y_{wi} 的函数。假定模型中其他决策变量：开放的 DC（P_w）、客户分配方案（X_{wj}）、补货周期乘子（k_w）均已知，式（6.1）可改写为

$$TC(Y_{wi}) = \sum_{w \in A} \sum_{i=1}^{m} f_i Y_{wi} + \sum_{w \in A} \sum_{i=1}^{m} \sum_{j \in A_w} c_{ij} Y_{wi} + \frac{S}{T} + \sum_{w \in A} \sum_{i=1}^{m} \frac{s_i}{k_w T} Y_{wi} + \frac{1}{2} \sum_{w \in A} \sum_{i=1}^{m} h_i k_w T D_w Y_{wi} \tag{6.4}$$

式中：A 表示开放 DC 的集合；A_w 表示 DC w 服务的客户集合。

那么对于给定的集合$\{X, P, k\}$，一旦确定了每一个候选点 Y_{wi} 的成本参数 f_i、s_i、h_i，就能通过式（6.4）得到每个 DC 在每个候选点的总成本 TC_{wi}。通过对 DC w 所有候选点处的总成本进行排序，即可获得最优 Y_{wi}^* 和 TC_{wi}^*。如果在排序的过程中，有 p 个 DC 在同一候选点的总成本最低，则选择次优候选点，比较 p 个 DC 的总成本，选择最优组合确定最终的位置。最后，加总所有的 TC_{wi}^*，得到所有开放 DC 的总成本，即目标函数值。

2. 种群个体表示

从 6.2.3 节模型分析部分已经了解，确定了$\{X, P, k\}$，决策变量基本补货周期 T 可通过其最优性质得到，那么按以上求解思路即可得到目标函数值。因此染色体编码包含 3 个部分：①客户分配

方案；②补货周期乘子 k_w；③HSDE 控制参数。图 6.2 为 12 个客户，DC 最大建立数量为 3 的一个个体。

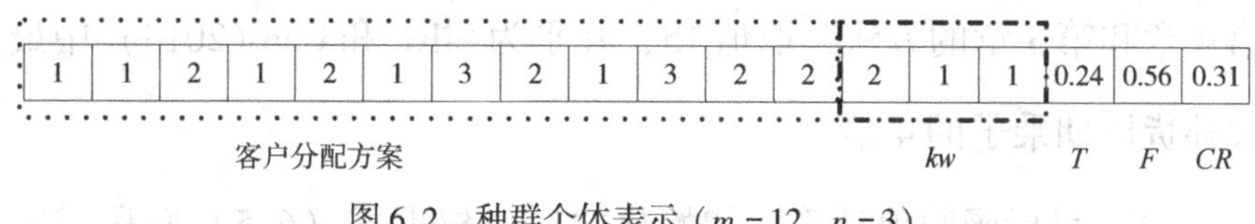

图 6.2　种群个体表示（$m=12$，$n=3$）

图 6.2 第 1 部分含义如下：客户 1，2，4，6，9 分配给 DC_1；客户 3，5，8，11，12 分配给 DC_2；客户 7，10 分配给 DC_3。按此表示方法，决策变量 X_{wj} 和 P_w 就能确定。第 2 部分的值含义如下：DC_1 每隔 $2T$ 进行补货；DC_2 和 DC_3 每隔基本循环周期 T 进行补货。

3. 基于 HSDE 算法的 JR-LIP 模型求解流程

（1）初始化。根据设计的个体结构，染色体长度应为 $m+n+3$，初始值每个染色体的基因位置均随机生成［0，1］之间的随机数，求解函数值时，通过式（6.5）解码为实际值，即图 6.2 中的表示形式。

$$x_{t,l}^{0}=\text{round}[x_l^L+\text{gene}(l)*(x_l^U-x_l^L)],\ l=1,2,\cdots,N_d;$$
$$x_l^L<x_l<x_l^U \tag{6.5}$$

式中：gene（l）为个体中第 l 个基因位置的值；x_l^L，x_l^U 分别是第 l 个位置对应变量的下界和上界。

根据模型中决策变量的含义可知，个体中第 3 部分基本补货周期 T 为 0～1 的数；第 4 部分的值按照第 3 章中的说明进行更新，其初始值按如下方式产生：F 为 0～2 的随机数，CR 为 0～1 的随机数。而第 1 部分分配方案的值对应 DC 标识，其下界为 1，其上界的确定通常与客户数量和客户距离有关，由决策层确定；第 2 部分周期乘子的下界也为 1，而其上界难以用数学方法确定，这里按照第 4 章和第 5 章的方法，取值 15，几乎为 Silva 和 Gao（2013）中最大补货周期乘子的 4 倍。

（2）目标函数值计算。初始化之后，根据式（6.5）解码成实际解，即可确定决策变量 $\{X, P, k\}$，然后根据求解思路得到总成本，即目标函数值。

（3）按 3.2 节中的流程执行 HSDE 的变异、交叉、选择运算。

（4）当循环达到给定的最大迭代次数时，算法结束，给出结果；否则重复（2）~（3）。

6.4 算例分析

JR-LIP 目前的研究相对较少，没有标准测试问题可供比较。为了尽可能全面地验证 HSDE 求解 JR-LIP 问题的性能，本节将在采用 Silva 和 Gao（2013）中数据的基础上，进一步扩大问题规模，从给定的参数区间内，产生一系列的随机问题对 JR-LIP 的最优决策和 HSDE 算法的求解能力进行分析。同时对模型的成本参数进行敏感性分析，以分析各项成本参数对最优决策的影响，从中得到可用的管理启示。

6.4.1　不同规模问题测试

为了对 HSDE 求解 JR-LIP 问题的性能进行分析，本实验将对 3 种不同规模的 JR-LIP 进行求解，同时对比 AHDE 和 GA 算法的结果，验证 HSDE 的改进效果。表 6.1 为本部分实验所需参数，其中部分数据来源于 Silva 和 Gao（2013），所有例子中，需求点从 50 × 50 的空间随机产生。表 6.1 中的 U［a，b］表示对应的参数值从区间［a，b］中均匀产生。

表 6.1　JR-LIP 实验参数

参　数			取值范围
通用参数	D_j，$j = 1, 2, \cdots, m$	年需求率	U［80，800］
	S	主要订货成本	45
	s_i，$i = 1, 2, \cdots, m$	次要订货成本	U［1，10］
	h_i，$i = 1, 2, \cdots, m$	单位年平均库存持有成本	U［0，1］
	f_i，$i = 1, 2, \cdots, m$	确定建设费用	U［400，800］
变动参数	n	开放 DC 的最大数量	5，10，20
	m	客户数量（DC 的潜在建设点）	30，50，100

这里用 P_m_m_n 表示客户数为 m，DC 的候选点为 m，最大可建设 DC 数量为 n 的问题，HSDE 中种群规模分别设置为 Np = 200，300，450，对应问题规模 P_30_30_5，P_50_50_10 和 P_100_100_20。表 6.2 为不同规模的问题，3 种不同算法分别运行 20 次的统计结果，其中包括平均运行时间（Avg CPU times）、找到的最优成本的最好值（Best TC_{min}）、平均值（Avg TC_{min}），以及找到最好最优成本的比率。

表 6.2　不同算法运行不同规模 JR-LIP 结果比较

问题规模	算法	平均运行时间	最好 $TC_{\min}$	平均 $TC_{\min}$	找到最好 $TC_{\min}$ 的比率/%
P_30_30_5	HSDE	24.62	1156.20	1156.20	100
	AHDE	24.90	1156.20	1156.20	100
	GA	27.79	1156.20	1156.20	100
P_50_50_10	HSDE	113.04	2106.77	2106.77	100
	AHDE	117.23	2106.77	2106.77	100
	GA	122.36	2106.77	2106.77	100
P_100_100_20	HSDE	631.71	3627.80	3776.90	40
	AHDE	639.57	3874.46	3874.46	0
	GA	758.68	3874.46	4232.85	0

表 6.2 中的统计结果可以得出：①对于小规模的 JR-LIP，3 种算法都可以以 100% 的概率找到最好最优解；②随着问题规模的扩大，HSDE 跳出局部最优解的能力得以体现，当 $m=100$ 时，AHDE 和 GA 算法找到的近似最优解均劣于 HSDE，其中 GA 的效果最差，AHDE 尽管比较稳定，每次都可以找到相同的近似最优解，但是无法跳出该局部最优解；③ HSDE 的运算时间优于其他两种算法，而且当 $m=50$ 时，运算时间（113.04s）远远少于 Silva 和 Gao（2013）中求解同规模问题所用时间（270s）。

表 6.3 给出了 3 种不同规模的 JR-LIP，HSDE 找到的最好最优解。图 6.3 ~ 图 6.5 为 3 种算法运行 20 次的平均收敛曲线。

表 6.3　不同规模 JR-LIP 最好最优解

问题规模	被选客户点	补货频率	基本补货周期	补货成本	选址成本
P_30_30_5	27	1	0.6593	152.00	1 004.20
P_50_50_10	36；23	1；1	0.3265	370.47	1 736.30
P_100_100_20	14；22	1；1	0.1000	1 126.60	2 501.20

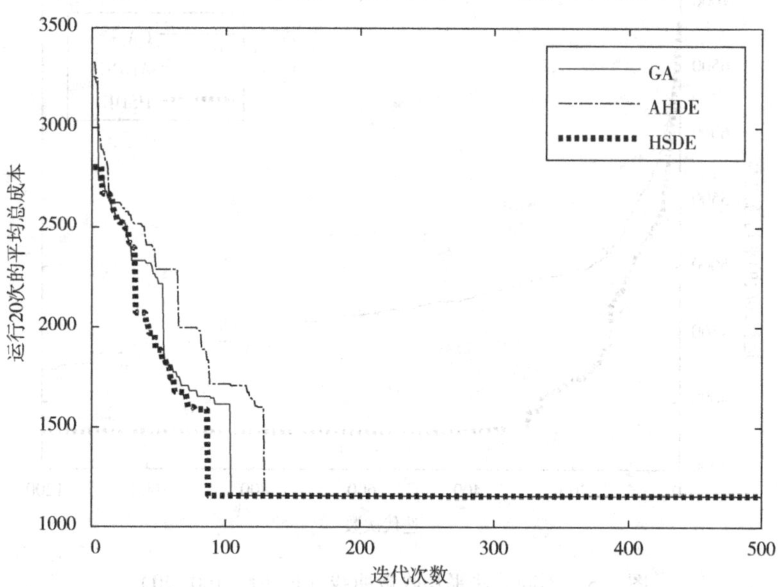

图6.3　不同算法平均收敛曲线（P_30_30_5）

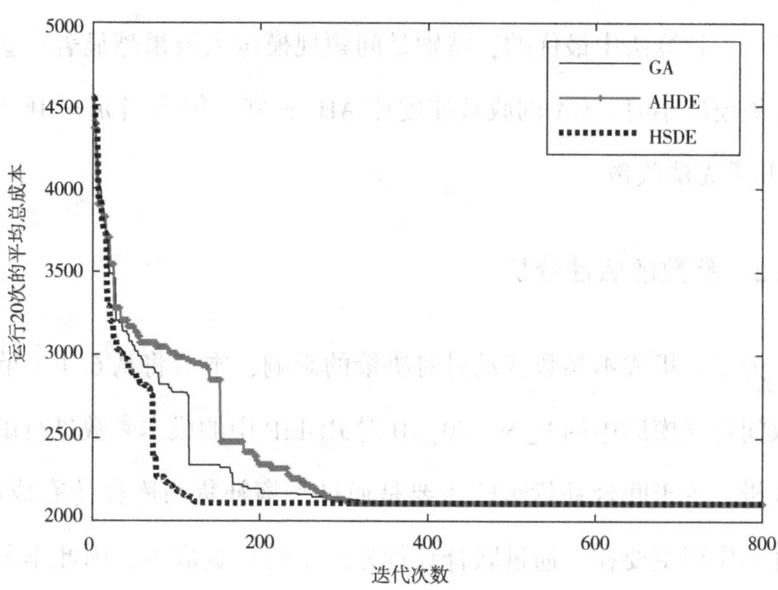

图6.4　不同算法平均收敛曲线（P_50_50_10）

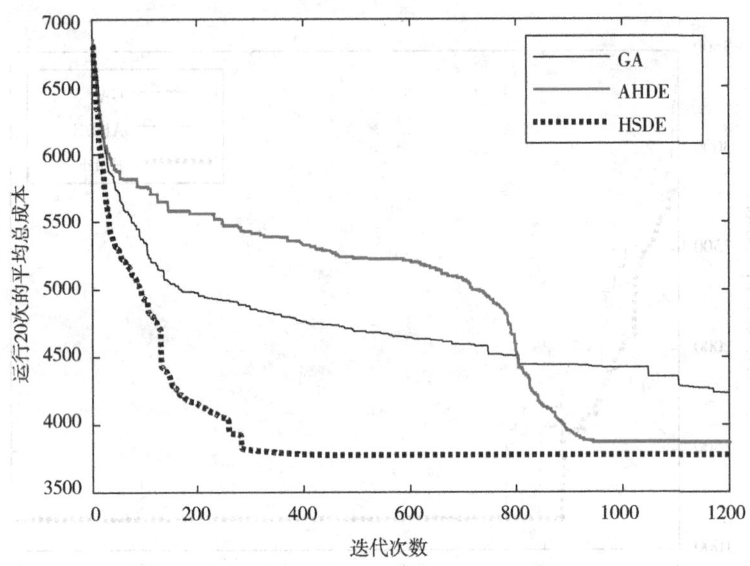

图 6.5　不同算法平均收敛曲线（P_100_100_20）

从图 6.3 ~ 图 6.5 的收敛曲线可以看出：①HSDE 的平均收敛效果是 3 种算法中最优的，特别是问题规模越大效果越显著；②当问题规模较小时，GA 的收敛速度比 AHDE 好，但是当 $m=100$ 时，GA 几乎无法收敛。

6.4.2　参数敏感性分析

为了分析成本参数变动时对决策的影响，本节将从 6.4.1 节中选取问题规模居中的 P_50_50_10 对 JR-LIP 中的成本参数进行敏感性分析。鉴于联合补货策略主要是通过平衡补货与库存持有成本，而且其作用主要在于通过联合补货分摊主要订货成本，因此本节主要分析主要订货成本和库存持有成本的影响。表 6.4 和表 6.5 分别给出了 HSDE 和 AHDE 求得的最优解和总成本随主要订货成本和库存持有成本的变动情况。

表6.4　不同 h_i 下两种算法所求最优解及总成本比较

Δh_i/%	被选客户点	补货频率	基本补货周期	补货成本	选址成本	总成本（TC）	总成本变化情况/%
-40	7；11	1；1	0.2623	474.0302	1 621.0	2 095.03	-5.24
-20	7；11	1；1	0.2433	510.8514	1 621.0	2 131.85	-3.57
0	7；11	1；1	0.1958	589.8289	1 621.0	2 210.83	—
20	7；11	1；1	0.1787	646.1252	1 621.0	2 267.13	2.55
40	7；11	1；1	0.1711	674.9242	1 621.0	2 295.92	3.85

从表6.4可以看出，当年单位平均库存持有成本在-40%～40%变动时对总成本值影响不大，但是对基本补货周期有直接的影响，随着 h_i 的增加，基本补货周期相应缩短，这一点符合现实物流运作。h_i 增加势必会增加库存持有成本。为了平衡总成本，适当缩短基本补货周期，加快物品流通，减少物品库存量是合理的方式。此外，h_i 在以上范围内变动时，对选址决策几乎没有影响。

表6.5　不同 S 下两种算法所求最优解及总成本比较

ΔS/%	被选客户点	补货频率	基本补货周期	补货成本	选址成本	总成本（TC）	总成本变化情况/%
-40	5；24；48	1；1；1	0.1046	673.4714	1 804.6	2 478.07	-5.75
-20	5；24；48	1；1；1	0.1176	751.6298	1 804.6	2 556.23	-2.77
0	5；24；48	1；1；1	0.1291	824.5909	1 804.6	2 629.19	—
20	5；24；48	1；1；1	0.1397	890.6286	1 804.6	2 695.23	2.51
40	5；24；48	1；1；1	0.1479	962.7186	1 804.6	2 767.32	5.25

从表6.5中可以看出，当主要订货成本 S 在-40%～40%变动时，对总成本影响不大，且在DC建立位置不变的情况下，对选址

成本没有影响。总成本值的变动来源于补货过程中成本的变动。S 的变动对基本补货周期有直接的影响，随着 S 的增加，基本补货周期相应增长，以减少补货次数，抵消 S 增加带来的影响。

6.5 本章小结

本着供应链全局优化的目标，本章以联合补货策略为切入点，研究了联合补货策略下的选址—库存优化问题。首先重构了通用性更强的 JR-LIP 模型，并首次使用智能优化算法求解该模型，为该模型的求解提供了鲁棒性强、易实施的新算法求解方案。相较 Silva 和 Gao（2013）中的方法，本算法可在更短的时间直接求出最优的 DC 数量和 DC 位置，而不是通过 ADD 或 DROP 方法逐一寻找最优位置，最后通过对比确定最优 DC 数量。此外，通过成本参数的敏感性分析可以看出，补货过程中的成本参数在一定范围内变动时对战略层的决策几乎没有影响，这一点也符合现实中的情况。

算例分析中，通过最优结果和收敛曲线图进一步验证了本书提出的 HSDE 算法在求解 JR-LIP 时的优势。通过与 AHDE 的对比，充分展现了 HSDE 的改进效果；而通过与 GA 的对比，验证了 HSDE 与其他进化机理的智能优化算法对比的优势。

本章在求解 JR-LIP 的过程中，对于决策变量的界限的处理是根据其他学者的经验设置，缺少数学分析。在后续的研究中，将考虑进一步对决策变量上下界进行分析，进一步缩小上下界，提高算法的准确度，获取质量更好的最优解，为企业决策提供更合理的方案。

第7章 随机需求下基于JR策略的选址—库存优化模型

本章放松第6章需求确定的假设，分别考虑随机需求下的基于联合补货策略和独立补货策略的选址—库存协同优化问题，构建了两种协同优化模型。在对模型分析的基础上，设计了基于HSDE算法的求解方案。通过对比实验和参数敏感性实验，对补货、选址策略以及HSDE算法性能进行分析，研究协同优化时，这两种不同补货策略的优劣，为企业制定补货、选址策略提供辅助支持。

7.1 问题提出

Silva和Gao（2013）和6.2节均假设需求为常数且恒定不变，该假设过于严苛。该模型的应用需要企业根据历史数据推断出确定的物品需求率，但是实际中，不同的时间或季节，产品的需求也会不同，因此，确定需求下的模型应用价值有限。在 JRPs 和 JRDs 的研究中，很多学者为了模拟更符合现实的模型，放松需求确定的假设，提出了随机需求下的模型。在随机需求模型中，最为常见的假设是给定产品的需求独立同分布，并在单位时间间隔内服从正态分布（Qu et al，1999；Eynan et al （1998；2007）；Wang et al，2012d）。该假设一方面可以弥补需求确定的缺陷，另一方面易于实施。本章仍然假设客户需求独立且服从正态分布，考虑随机需求下的 LIP 问题。

1.1 节已经指出，JR 策略是一种有效的补货方式，在库存领域发挥了重要的作用，但是当 JR 策略与战略层选址策略协同优化时，该策略的优势多大？是否仍能保持较好的效果？在什么情况下使用该策略比较合适？沿着上述两个问题，本章分别构建了随机需求下基于联合补货（Stochastic Joint Replenishment，SJR）策略和独立补货（Stochastic Independent Replenishment，SIR）策略的 LIP 模型，通过实验结果对比，对两种不同的补货策略进行分析，以回答上述两个问题。

7.2　模型构建

7.2.1　模型假设与符号标识

同第 6 章，考虑由多个配送中心（DCs），一个外部供应商和多个客户组成的三层供应链结构，DCs 订购物品并将物品配送到对应的客户。需要平衡选址成本、补货成本、缺货成本以及库存持有成本，以确定如下决策：①选址方案；②客户分配方案；③订货方案，使总成本最优。模型的建立基于如下假设：

（1）客户需求独立同分布；

（2）每个客户只分配给一个 DC，其他 DC 不能为其提供服务；

（3）没有存储和运输容量限制；

（4）没有运输折扣。

由于本模型中考虑的是随机需求，因此，相应会产生缺货成本。模型中使用的符号标识如下：

n——DC 数量；

m——客户（DC 备选点）数量；

w——DC 标识，$1 \leqslant w \leqslant n$；

j——客户标识，$1 \leqslant j \leqslant m$；

i——DC 的备选点标识，$1 \leqslant i \leqslant m$；

D_j——客户 j 对物品的年平均需求率；

S——DC 的主要订货成本；

s_i——DC 在备选点 i 的次要订货成本；

h_i——物品在备选点 i 的年平均单位库存费用；

c_{ij}——备选点 i 与客户 j 之间的直线距离（欧氏距离）；

f_i——在备选点 i 建立配送中心的确定费用；

π_i——单位物品在备选点 i 的年平均缺货成本；

L_i——备选点 i 的物品提前期所含时间单位数；

δ_j——客户 j 单位时间需求波动的方差；

R_w——每个补货间隔期内 DC w 的最大库存水平；

z_w——DC w 的安全库存因子（决策变量）；

T——基本补货周期（决策变量）；

k_w——周期乘子，正整数，DC w 的补货周期所包含的补货周期数（决策变量）；

P_w——0，1 变量，决定 DC w 是否开放（决策变量），定义如下：

$$P_w = \begin{cases} 1, \text{DC } w \text{ 开放,} \\ 0, \text{其他} \end{cases}$$

Y_{wi}——0，1 变量，决定 DCw 的选址（决策变量），定义如下：

$$Y_{wi} = \begin{cases} 1, \text{DC } w \text{ 位于备选点 } i \\ 0, \text{其他} \end{cases}$$

X_{wj}——0，1 变量，决定客户的分配（决策变量），定义如下：

$$X_{wj} = \begin{cases} 1, \text{客户 } j \text{ 被分配到 DC } w \\ 0, \text{其他} \end{cases}$$

7.2.2　数学模型

本节将分别针对两种不同的补货策略，构建两种协同优化模型。两种模型总成本结构中的选址成本与 6.2.2 节中的选址成本一致，为 $C_L = \sum_{w=1}^{n}\sum_{i=1}^{m} f_i Y_{wi} P_w + \sum_{w=1}^{n}\sum_{i=1}^{m}\sum_{j=1}^{m} c_{ij} X_{wj} Y_{wi} P_w$。联合补货与独立补货成本因补货策略的不同，其表示形式也不同。下面将分别对两种模型补货阶段的总成本进行描述。

由于本章考虑的是随机需求下的模型，故补货阶段的总成本结构除了第 6 章中的订货成本和库存持有成本，会产生缺货成本。

1. 订货成本

DCw 的补货周期 T_w 在实施 JR 策略时，$T_w = k_w T$，具有相同的周期乘子 k_w 的 DC 或每隔最小公倍数的周期乘子的 DC，将进行联合补货，称为间接分组策略。而独立补货时，每个 DC 则有各自的补货周期 T_w。故联合补货策略下的订货成本 C_O^{JR} 和独立补货策略下的订货成本 C_O^{IR} 如下：

$$C_{\mathrm{O}}^{\mathrm{JR}} = \frac{S}{T} + \sum_{w=1}^{n}\sum_{i=1}^{m} \frac{s_i}{T_w} Y_{wi} P_w = \frac{S}{T} + \sum_{w=1}^{n}\sum_{i=1}^{m} \frac{s_i}{k_w T} Y_{wi} P_w$$

$$C_{\mathrm{O}}^{\mathrm{IR}} = \sum_{w=1}^{n}\sum_{i=1}^{m} \frac{1}{T_w}(S + s_i Y_{wi}) P_w$$

2. 库存持有成本

假设客户需求独立服从正态分布（Qu et al，1999；Wang et al，2012d），由于 DC 的需求为客户需求的线性函数，因此 DC 的需求仍然服从正态分布，其年需求率 $D_w = \sum_{j=1}^{m} D_j X_{wj}$，年需求率的方差 $\delta_w = \sum_{j=1}^{m} \delta_j X_{wj}$。当决策变量 T_w 确定后，每个特定的间隔期 T_w 内需求的期望 $E = D_w(T_w + L_i Y_{wi}) = (\sum_{j=1}^{m} D_j X_{wj})(T_w + L_i Y_{wi})$，方差

$\text{Var}=\delta_w(T_w+L_iY_{wi})=\left(\sum_{j=1}^{m}\delta_jX_{wj}\right)(T_w+L_iY_{wi})$，那么随机需求下的库存持有成本

$$C_H=\sum_{w=1}^{n}\sum_{i=1}^{m}h_i\left[\frac{1}{2}D_wT_w+z_w\sqrt{\delta_w(T_w+L_iY_{wi})}\right]Y_{wi}P_w$$

其中第1项为确定库存，第2项为安全库存。

3. 缺货成本

当需求随机时，对于周期补货模型，在一个补货间隔期内一旦需求超过最大库存水平，就会发生缺货现象。在每个补货间隔周期DC w 的最大库存 $R_w=D_w(T_w+L_iY_{wi})+z_w\sqrt{\delta_w(T_w+L_iY_{wi})}$，包括期望需求和安全库存。若需求密度表示为 $f(x_w,T_w+L_iY_{wi})$，则缺货成本

$$\begin{aligned}C_S&=\sum_{w=1}^{n}\sum_{i=1}^{m}\frac{\pi_i}{T_w}\left(\int_{R_w}^{\infty}(x_w-R_w)f(x_w,T_w+L_iY_{wi})\mathrm{d}x_w\right)Y_{wi}P_w\\&=\sum_{w=1}^{n}\sum_{i=1}^{m}\frac{\pi_iY_{wi}P_w}{T_w}\cdot\sqrt{\delta_w(T_w+L_iY_{wi})}\int_{z_w}^{\infty}(y-z_w)f(y)\mathrm{d}y\\&=\sum_{w=1}^{n}\sum_{i=1}^{m}\frac{\pi_iY_{wi}P_w}{T_w}\cdot\sqrt{\delta_w(T_w+L_iY_{wi})}(f(z_w)-z_w[1-F(z_w)])\end{aligned}$$

式中，$f(z)$ 和 $F(z)$ 分别为标准正态分布密度函数（PDF）和累积分布函数（CDF）。

综上可得，SJR-LIP模型的总成本

$$TC^{JR}=C_L+C_O^{JR}+C_H+C_S=$$

$$\sum_{w=1}^{n}\sum_{i=1}^{m}f_iY_{wi}P_w+\sum_{w=1}^{n}\sum_{i=1}^{m}\sum_{j=1}^{m}c_{ij}X_{wj}Y_{wi}P_w+\frac{S}{T}+\sum_{w=1}^{n}\sum_{i=1}^{m}\frac{s_i}{k_wT}Y_{wi}P_w+$$

$$\sum_{w=1}^{n}\sum_{i=1}^{m}h_i\left[\frac{1}{2}D_wT_w+z_w\sqrt{\delta_w(T_w+L_iY_{wi})}\right]Y_{wi}P_w+$$

$$\sum_{w=1}^{n}\sum_{i=1}^{m}\frac{\pi_iY_{wi}P_w}{T_w}\cdot\sqrt{\delta_w(T_w+L_iY_{wi})}(f(z_w)-z_w[1-F(z_w)])=$$

$$\sum_{w=1}^{n}\sum_{i=1}^{m}f_iY_{wi}P_w+\sum_{w=1}^{n}\sum_{i=1}^{m}\sum_{j=1}^{m}c_{ij}X_{wj}Y_{wi}P_w+\frac{S}{T}+\sum_{w=1}^{n}\sum_{i=1}^{m}\frac{s_i}{k_wT}Y_{wi}P_w+$$

$$\sum_{w=1}^{n}\sum_{i=1}^{m}h_i\left[\frac{1}{2}D_wk_wT+z_w\sqrt{\delta_w(k_wT+L_iY_{wi})}\right]Y_{wi}P_w+$$

$$\sum_{w=1}^{n}\sum_{i=1}^{m}\frac{\pi_iY_{wi}P_w}{k_wT}\cdot\sqrt{\delta_w(k_wT+L_iY_{wi})}(f(z_w)-z_w[1-F(z_w)])$$

(7.1)

SIR-LIP 模型的总成本

$$TC^{IR}=C_L+C_O^{IR}+C_H+C_S=$$

$$\sum_{w=1}^{n}\sum_{i=1}^{m}f_iY_{wi}P_w+\sum_{w=1}^{n}\sum_{i=1}^{m}\sum_{j=1}^{m}c_{ij}X_{wj}Y_{wi}P_w+\sum_{w=1}^{n}\sum_{i=1}^{m}\frac{1}{T_w}(S+s_iY_{wi})P_w+$$

$$\sum_{w=1}^{n}\sum_{i=1}^{m}h_i\left[\frac{1}{2}D_wT_w+z_w\sqrt{\delta_w(T_w+L_iY_{wi})}\right]Y_{wi}P_w+$$

$$\sum_{w=1}^{n}\sum_{i=1}^{m}\frac{\pi_iY_{wi}P_w}{T_w}\cdot\sqrt{\delta_w(T_w+L_iY_{wi})}(f(z_w)-z_w[1-F(z_w)])$$

(7.2)

目标是确定各组决策变量的值，使总成本最低，数学模型分别表述如下：

Min TC^{JR}（X_{wj}，Y_{wi}，P_w，z_w，k_w，T）

$$
\text{s.t.} \begin{cases} \sum_{i=1}^{n} X_{wj} = 1, \ \forall j \\ \sum_{i=1}^{m} Y_{wi} = 1, \ \forall w \\ X_{wj} - P_w \leqslant 0, \ \forall w, \ \forall j \\ Y_{wi} - P_w \leqslant 0, \ \forall w, \ \forall i \\ T \in (0,1), \ k_w\text{:positive integer} \end{cases} \tag{7.3}
$$

$$
\text{Min } \mathrm{TC}^{\mathrm{IR}} \ (X_{wj}, Y_{wi}, P_w, z_w, T_w)
$$

$$
\text{s.t.} \begin{cases} \sum_{i=1}^{n} X_{wj} = 1, \ \forall j \\ \sum_{i=1}^{m} Y_{wi} = 1, \ \forall w \\ X_{wj} - P_w \leqslant 0, \ \forall w, \ \forall j \\ Y_{wi} - P_w \leqslant 0, \ \forall w, \ \forall i \\ T_w > 0 \end{cases} \tag{7.4}
$$

7.2.3 模型分析

本章的 SJR-LIP 模型相较第 6 章，多出了 1 组决策变量 z_w，其复杂度也随之增加。下面将通过以下方法，获得决策变量 z_w 的最优值需满足的条件，以降低决策变量维度，简化问题。

以 SJR-LIP 模型为例，对总成本函数 TC^{JR} 求决策变量 z_w 的偏导，得

$$
\frac{\partial TC^{JR}}{\partial z_w} = h_i \sqrt{\delta_w \ (k_w T + L_i Y_{wi})} Y_{wi} P_w + \frac{\pi_i Y_{wi} P_w}{k_w T} \cdot \sqrt{\delta_w \ (k_w T + L_i Y_{wi})} \cdot
$$

$$\left(\frac{\mathrm{d}f(z_w)}{\mathrm{d}z_w}-[1-F(z_w)]+z_w f(z_w)\right)=h_i\sqrt{\delta_w(k_wT+L_iY_{wi})}Y_{wi}P_w-\frac{\pi_iY_{wi}P_w}{k_wT}\cdot\sqrt{\delta_w(k_wT+L_iY_{wi})}[1-F(z_w)]$$

其中$\frac{\mathrm{d}f(z_w)}{\mathrm{d}z_w}=-z_w f(z_w)$（标准正态分布性质）。

由于$\frac{\partial^2 TC^{\mathrm{JR}}}{\partial z_w^2}=h_i\sqrt{\delta_w(k_wT+L_iY_{wi})}Y_{wi}P_w+\frac{\pi_iY_{wi}P_w}{k_wT}\cdot\sqrt{\delta_w(k_wT+L_iY_{wi})}f(z_w)>0$，因此 z_w 的最优值需满足$\frac{\partial TC^{\mathrm{JR}}}{\partial z_w}=0$，即

$$F(z_w^*)=1-\frac{h_ik_wTY_{wi}P_w}{\pi_iY_{wi}P_w}\Rightarrow z_w^*=F^{-1}\left(1-\frac{h_ik_wTY_{wi}P_w}{\pi_iY_{wi}P_w}\right)\tag{7.5}$$

将式（7.5）代入式（7.1），则目标函数可转换为

$$TC^{\mathrm{JR}}=\sum_{w=1}^{n}\sum_{i=1}^{m}f_iY_{wi}P_w+\sum_{w=1}^{n}\sum_{i=1}^{m}\sum_{j=1}^{m}c_{ij}X_{wj}Y_{wi}P_w+\frac{S}{T}+\sum_{w=1}^{n}\sum_{i=1}^{m}\frac{s_i}{k_wT}Y_{wi}P_w+\sum_{w=1}^{n}\sum_{i=1}^{m}\frac{h_ik_wTD_w}{2}Y_{wi}P_w+\sum_{w=1}^{n}\sum_{i=1}^{m}\frac{\pi_iY_{wi}P_w}{k_wT}\cdot\sqrt{\delta_w(k_wT+L_iY_{wi})}f(z_w^*)\tag{7.6}$$

同理可得，当其他决策变量确定时，SIR-JRP 模型中的决策变量 z_w 的最优值

$$z_w^*=F^{-1}\left(1-\frac{h_iT_wY_{wi}P_w}{\pi_iY_{wi}P_w}\right)\tag{7.7}$$

将其代入式（7.2），相应的目标函数可转换为

$$TC^{IR} = \sum_{w=1}^{n}\sum_{i=1}^{m} f_i Y_{wi} P_w + \sum_{w=1}^{n}\sum_{i=1}^{m}\sum_{j=1}^{m} c_{ij} X_{wj} Y_{wi} P_w +$$
$$\sum_{w=1}^{n}\sum_{i=1}^{m}\frac{1}{T_w}(S + s_i) Y_{wi} P_w + \sum_{w=1}^{n}\sum_{i=1}^{m}\frac{h_i T_w D_w}{2} Y_{wi} P_w +$$
$$\sum_{w=1}^{n}\sum_{i=1}^{m}\frac{\pi_i Y_{wi} P_w}{T_w}\cdot\sqrt{\delta_w (T_w + L_i Y_{wi})} f(z_w^*) \tag{7.8}$$

通过以上的处理，决策变量 z_w 转换为其他决策变量的函数，即只需找到最优的 X_{wj}，Y_{wi}，P_w，T_w，使总成本最小。

7.3　求解方案设计

本章依然按照 6.3 节的思路对两种补货策略下的 LIP 协同优化问题求解。下面将分别介绍种群个体表示方法和基于 HSDE 算法的求解流程。

1. 种群个体表示

根据 7.2.3 节的分析以及求解思路，SJR-LIP 的种群个体包含 4 个部分：①客户分配方案；②补货周期乘子 k_w；③基本补货周期 T；④HSDE 控制参数。而 SIR-LIP 的种群个体包含 3 个部分：①客户分配方案；②补货周期 T_w；③HSDE 控制参数。图 7.1 和图 7.2 分别为 SJR-LIP 和 SIR-LIP 模型中，客户数量为 12，最大建设 DC 为 3 的种群个体表示。

以 SJR-LIP 为例，图 7.1 第 1 部分含义如下：客户 1，2，4，6，

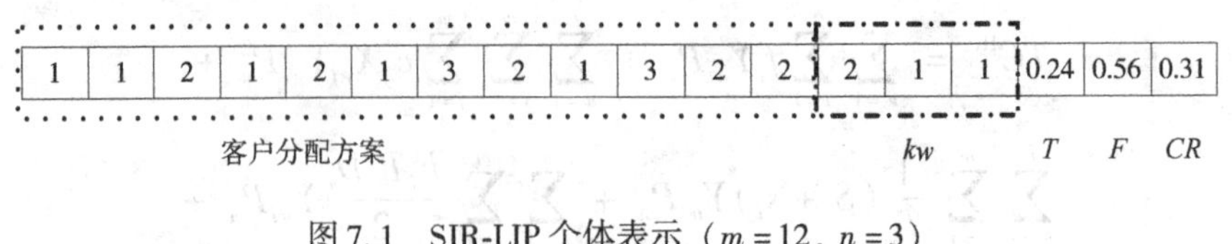

图 7.1　SJR-LIP 个体表示（$m=12$，$n=3$）

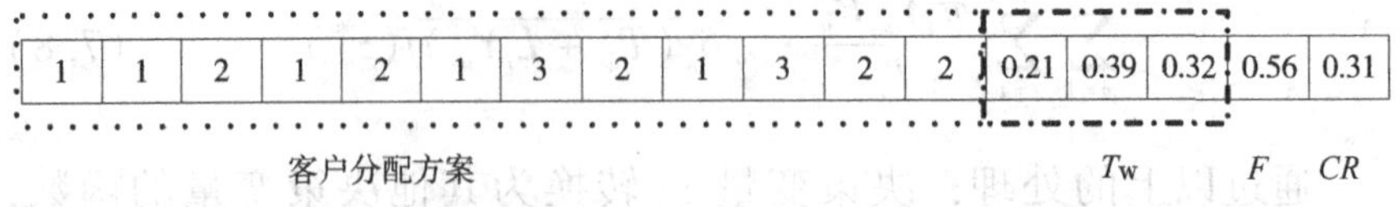

图 7.2　SIR-LIP 个体表示（$m=12$，$n=3$）

9 分配给 DC_1；客户 3，5，8，11，12 分配给 DC_2；客户 7，10 分配给 DC_3。按此表示方法，决策变量 X_{wj} 和 P_w 就能确定。第 2 部分的值含义如下：DC_1 每隔 $2T$ 进行补货；DC_2 和 DC_3 每隔基本循环周期 T 进行补货。

2. 基于 HSDE 算法的求解流程

（1）初始化。根据设计的个体结构，SJR-LIP 模型的染色体长度应为 $m+n+3$，SIR-LIP 模型的染色体长度为 $m+n+2$。初始值每个染色体的基因位置均随机生成［0，1］之间的随机数，求解函数值时，通过式（7.9）解码为实际值，即图 7.2 中的表示形式。

$$x_{i,l}^{0}=\text{round}\left(x_l^L+\text{gene}(l)*\left(x_l^U-x_l^L\right)\right),\ l=1,2,\cdots,N_d;\quad x_l^L<x_l<x_l^U \tag{7.9}$$

式中：gene（l）为个体中第 l 个基因位置的值；x_l^L，x_l^U 分别是第 l 个位置对应变量的下界和上界。

模型中决策变量的上、下界按 6.3 中的方式设置。

（2）目标函数值计算。初始化之后，根据式（7.9）解码成实际解，根据求解思路得到总成本，即目标函数值。

（3）按 3.2 节中的流程执行 HSDE 的变异、交叉、选择运算。

（4）当循环达到给定的最大迭代次数时，算法结束，给出结果；否则重复（2）~（3）。

7.4　算例分析

鉴于第 6 章中算例的结果分析，本节实验的问题规模选取 P_30_30_5 和 P_50_50_10，以尽可能准确地对协同决策进行分析。本节实验安排如下：

（1）HSDE 算法性能测试。以 SJR-LIP 问题为例，随机生成不同规模的不同问题，选取 GA 和 AHDE 算法对 HSDE 的改进效果进行分析。

（2）SJR-LIP 与 SIR-LIP 策略比较。比较协同优化决策下，不同补货策略的结果，为企业决策提供参考。

（3）参数敏感性分析。分析成本参数变动时，对决策的影响，为企业调整成本参数提供理论依据。

7.4.1　实验数据与算法参数

算例分析中，所有实验数据均从表 7.1 中获取，其中除本章新增模型参数外，其他数据来源于 Silva 和 Gao（2013）。表 7.2 给出了不同算法中的参数值。

表 7.1 SJR-LIP 和 SIR-LIP 算例参数

参 数		取值范围
通用参数	D_j, $j = 1, 2, \cdots, m$	U [80, 800]
	δ_j, $j = 1, 2, \cdots, m$	U [50, 300]
	S	45
	s_i, $i = 1, 2, \cdots, m$	U [1, 10]
	h_i, $i = 1, 2, \cdots, m$	U [0, 1]
	L_i, $i = 1, 2, \cdots, m$	0.02
	π_i, $i = 1, 2, \cdots, m$	U [0, 1]
	f_i, $i = 1, 2, \cdots, m$	U [400, 800]
变动参数	n	5, 10
	m	30, 50

表 7.2 算法参数

参 数		取值范围
通用参数	N_p	200, 300
	Gen$M$	500, 1000
HSDE 的特定参数	$F_{\min}$	0.1
	$F_{\max}$	0.9
	τ_1	0.1
	τ_2	0.1
AHDE 的特定参数	$F_{\min}$	0.2
	$F_{\max}$	0.8
	CR	0.5
GA 的特定参数	P_m	0.1
	P_c	0.9

7.4.2 HSDE 算法求解 SJR-LIP 性能测试

为了验证 HSDE 求解 SJR-LIP 的性能，按表 7.1 中的参数值随机生成不同规模的不同算例对算法的求解能力进行分析。仍然按

第 6 章的方式以 P_m_m _n 表示问题规模。表 7.3 给出了 3 种算法求解 P_30_30_5 和 P_50_50_10 规模的 SJR-LIP 模型 20 次的统计结果，表 7.4 为对应问题的最好最优解。图 7.3 和图 7.4 为对应的收敛曲线。

表 7.3　不同算法求解不同规模 SJR-LIP 的统计结果

问题规模	算法	最好 TC_{min}	TC_{min} 平均值	TC_{min} 标准值	运行平均时间	运行时间标准差
P_30_30_5	HSDE	1859.20	1859.20	0.00	81.72	2.04
	AHDE	1859.20	1859.20	0.00	83.67	0.40
	GA	1859.20	1862.41	7.12	91.81	1.98
P_50_50_10	HSDE	2294.09	2294.09	0.00	327.86	8.35
	AHDE	2294.09	2294.09	0.00	330.43	8.81
	GA	2294.67	2298.03	5.10	381.17	12.55

表 7.4　不同规模 SJR-LIP 的最好最优解

问题规模	被选客户点	补货频率	基本补货周期	安全库存因子	补货成本	选址成本
P_30_30_5	11；30	1；1	0.5450	2.1517；1.6118	227.30	1631.90
P_50_50_10	47；29	1；1	0.1648	1.9256；1.2599	650.59	1643.50

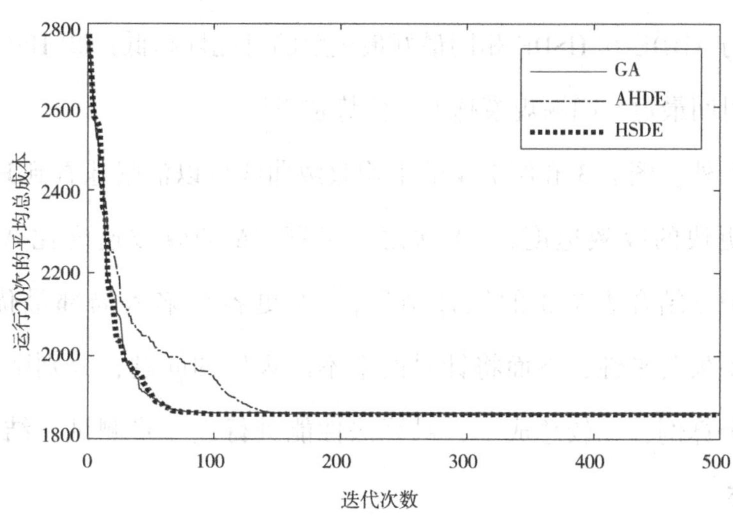

图 7.3　不同算法平均收敛曲线（P_30_30_5）

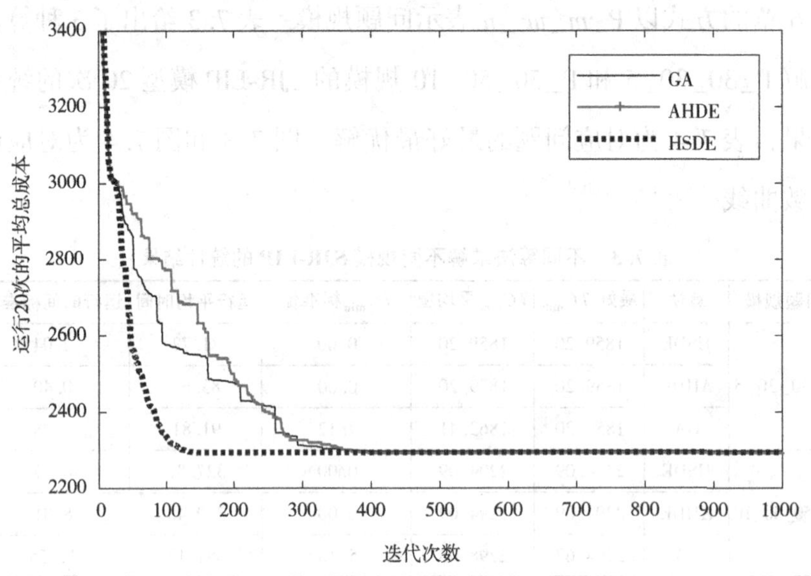

图 7.4　不同算法平均收敛曲线（P_50_50_10）

表 7.3 中的统计结果可以得出如下结论：①AHDE 和 HSDE 相较 GA，能找到更好质量的最优解，特别是面对大规模问题时，GA 找到与 AHDE 和 HSDE 相同最好最优解的可能性越低；② HSDE 的求解时间最短，问题规模越大，优势越明显。

此外，图 7.3 和图 7.4 的平均收敛曲线可以清晰地看到 HSDE 具备更快的收敛速度，GA 次之。尽管 GA 的收敛速度比 AHDE 快，但是结合表 7.3 的统计结果，GA 更容易陷入局部最优解。为了不失公平性，下面将针对两个不同规模的问题，分别随机生成 4 个算例，比较总成本，对算法性能进行进一步测试，结果见表 7.5。

表 7.5　不同算法求解 8 个随机算例结果比较

问题规模	算例	算法	最好 TC_{min}	最差 TC_{min}	TC_{min} 平均值	TC_{min} 标准值
P_30_30_5	算例 1	HSDE	1682. 67	1682. 67	1682. 67	0. 00
		AHDE	1682. 67	1682. 67	1682. 67	0. 00
		GA	1683. 12	1684. 78	1683. 71	0. 66
	算例 2	HSDE	1791. 87	1791. 87	1791. 87	0. 00
		AHDE	1791. 87	1791. 87	1791. 87	0. 00
		GA	1791. 87	1792. 27	1792. 03	0. 19
	算例 3	HSDE	1554. 96	1554. 96	1554. 96	0. 00
		AHDE	1554. 96	1554. 96	1554. 96	0. 00
		GA	1554. 96	1557. 50	1555. 62	0. 94
	算例 4	HSDE	1858. 27	1858. 67	1858. 43	0. 18
		AHDE	1858. 27	1858. 27	1858. 27	0. 00
		GA	1858. 75	1900. 63	1871. 12	16. 11
P_50_50_10	算例 1	HSDE	2128. 42	2128. 42	2128. 42	0. 00
		AHDE	2128. 42	2128. 42	2128. 42	0. 00
		GA	2128. 71	2407. 57	2308. 13	139. 06
	算例 2	HSDE	1997. 33	1997. 33	1997. 33	0. 00
		AHDE	1997. 33	1997. 33	1997. 33	0. 00
		GA	1997. 42	2008. 04	1999. 89	4. 05
	算例 3	HSDE	2014. 39	2020. 34	2019. 32	2. 45
		AHDE	2016. 21	2020. 34	2019. 46	1. 64
		GA	2475. 22	2512. 48	2496. 53	16. 23
	算例 4	HSDE	2219. 37	2219. 37	2219. 37	0. 00
		AHDE	2219. 37	2219. 37	2219. 37	0. 00
		GA	2219. 37	2220. 14	2219. 68	0. 29

表 7. 5 中 3 种算法运行随机生成的 8 个 SJR-LIP 问题，得到的计算结果可以看出：①HSDE 和 AHDE 在求解 SJR-LIP 时，鲁棒性和求得的近似最优解方面均优于 GA；②相较 HSDE，AHDE 更稳定，但是 HSDE 更容易跳出局部最优解，获得质量更好的解（P_50_50_10

算例3)。

7.4.3 SJR-LIP 与 SIR-LIP 的对比分析

本节将通过数值算例对两种策略下的 LIP 协同优化模型进行对比分析，检验 JR 策略在 LIP 协同优化问题中发挥的作用。仍然用 7.4.1 节中的实验数据随机生成不同规模的不同问题，分别运行 20 次，20 次中的最好最优解和最好最优成本见表 7.6 和表 7.7，其中 $\psi = (TC_{SIR\text{-}LIP} - TC_{SJR\text{-}LIP}) * 100\% / TC_{SIR\text{-}LIP}$。

表 7.6　问题规模 P_30_30_5 的结果对比（SJR-LIP 与 SIR-LIP 对比分析）

算例	补货策略	最优解			最优总成本		ψ/%
		被选客户点	补货周期	安全库存因子	补货成本	选址成本	
算例 1	联合	14；15	0.3320；0.3320	1.0861；1.4059	1411.70	**326.36**	**6.21**
	独立	14；15	0.4380；0.4610	0.9039；1.2217	1411.70	**441.44**	
算例 2	联合	5；16	0.4900；0.4900	1.3690；1.7125	1348.10	**236.61**	**2.86**
	独立	5；16	0.4820；1.0000	1.3780；1.3496	1348.10	**283.22**	
算例 3	联合	7	0.3810	1.9472	1169.40	**259.19**	**0.00**
	独立	7	0.3810	1.9472	1169.40	**259.19**	

表 7.7　问题规模 P_50_50_10 的结果对比（SJR-LIP 与 SIR-LIP 问题分析）

算例	补货策略	最优解			最优总成本		ψ/%
		被选客户点	补货周期	安全库存因子	补货成本	选址成本	
算例 1	联合	7；12	0.3390；0.3390	2.4070；1.1924	2058.30	**379.72**	**3.94**
	独立	7；12	0.6120；0.3630	2.1830；1.1513	2058.30	**479.72**	
算例 2	联合	20；44；15	0.3950；0.3950；0.3950	2.5713；2.0806；1.5773	1487.50	**331.63**	**7.71**
	独立	20；44；15	1.0000；0.5420；0.4980	2.2315；1.9480；1.4587	1487.50	**483.62**	
算例 3	联合	44；37	0.4070；0.4070	1.0550；1.1317	1708.70	**286.18**	**4.15**
	独立	44；37	0.6990；0.4540	0.6737；1.0636	1708.70	**372.56**	

从表7.6和表7.7中的对比结果可知：①在LIP协同优化问题中，当DC数量大于1时，JR策略总是比IR策略优；当DC数量为1时，JR策略与IR策略效果一样。在以上的实验中，JR策略最多可以节省7.71%的总成本。②以上随机生成的6个测试问题中，SJR-LIP和SIR-LIP模型找到的最优选址决策一样，成本的节约主要来源于补货过程，这说明企业决策时，底层的决策对战略层决策的影响相对较小。

7.4.4 参数敏感性分析

第6章中当参数变动范围在-40%~40%变动时，对JR-LIP模型的补货和选址策略影响甚微。因此，本章将扩大SJR-LIP和SIR-LIP模型参数变动范围，进一步分析模型参数对决策和成本的影响。表7.8~表7.11分别是不同建设成本（f_i）、主要订货成本（S）、次要订货成本（s_i）和库存持有成本（h_i）下，HSDE求解P_30_30_5规模问题的结果。

表7.8 不同 f_i 下的结果比较

Δf_i/%	补货策略	被选客户点	补货周期	安全库存因子	选址成本	补货成本	总成本
-90	联合	13；27	0.4920；0.4920	1.8512；1.9901	551.58	227.35	778.93
	独立	13；27	0.6960；0.6350	1.7001；1.8879	551.58	305.01	856.59
-60	联合	13；27	0.4920；0.4920	1.8592；1.9977	865.24	227.35	1092.59
	独立	13；27	0.6960；0.6350	1.7001；1.8879	865.24	305.01	1170.25
-30	联合	13；27	0.4920；0.4920	1.8592；1.9977	1178.90	227.35	1406.25
	独立	13；27	0.6960；0.6350	1.7001；1.8879	1178.90	305.01	1483.91

续表

$\Delta f_i/\%$	补货策略	被选客户点	补货周期	安全库存因子	选址成本	补货成本	总成本
0	联合	13；27	0.4920；0.4920	1.8592；1.9977	1492.60	227.35	1719.95
	独立	13；27	0.6960；0.6350	1.7001；1.8879	1492.60	305.01	1797.61
30	联合	13；27	0.4920；0.4920	1.8592；1.9977	1806.20	227.35	2033.55
	独立	13；27	0.6960；0.6350	1.7001；1.8879	1806.20	305.01	2111.21
60	联合	27	0.5370	1.9606	1445.00	196.25	1641.25
	独立	27	0.5370	1.9606	1445.00	196.25	1641.25
90	联合	27	0.5370	1.9606	1600.30	196.25	1796.55
	独立	27	0.5370	1.9606	1600.30	196.25	1796.55
120	联合	27	0.5370	1.9606	1755.60	196.25	1951.85
	独立	27	0.5370	1.9606	1755.60	196.25	1951.85
150	联合	27	0.5370	1.9606	1910.90	196.25	2107.15
	独立	27	0.5370	1.9606	1910.90	196.25	2107.15

从表7.8中可以看出：①随着DC建设成本的变化，选址决策也相应发生变化，特别是当建设成本f_i的增幅较大（60%）时，DC的建设数量会减少。这一点很好理解，在现实运作中，如果DC的建设成本超出了关闭该DC带来的补货配送成本，那么关闭该DC不失为一个合理的选择。②DC建设成本对选址决策的影响，直接影响补货策略，一旦选址策略有变化，补货策略会同时发生变化。③当DC建设数量大于1时，JR策略总是优于IR策略；当DC数量为1时，JR策略与IR策略效果相同。

表7.9　不同S下的结果比较

$\Delta S/\%$	补货策略	被选客户点	补货周期	安全库存因子	选址成本	补货成本	总成本
-90	联合	25	0.2620	1.9224	1231.70	104.16	1335.86
	独立	25	0.2620	1.9224	1231.70	104.16	1335.86

续表

ΔS/%	补货策略	被选客户点	补货周期	安全库存因子	选址成本	补货成本	总成本
-60	联合	25	0. 3700	1. 7681	1231. 70	146. 94	1378. 64
	独立	25	0. 3700	1. 7681	1231. 70	146. 94	1378. 64
-30	联合	25	0. 4520	1. 6741	1231. 70	179. 79	1411. 49
	独立	25	0. 4520	1. 6741	1231. 70	179. 79	1411. 49
0	联合	25	0. 5220	1. 6041	1231. 70	207. 49	1439. 19
	独立	25	0. 5220	1. 6041	1231. 70	207. 49	1439. 19
30	联合	25	0. 5840	1. 5481	1231. 70	231. 89	1463. 59
	独立	25	0. 5840	1. 5481	1231. 70	231. 89	1463. 59
60	联合	25	0. 6400	1. 5014	1231. 70	253. 96	1485. 66
	独立	25	0. 6400	1. 5014	1231. 70	253. 96	1485. 66
90	联合	25	0. 6910	1. 4615	1231. 70	274. 25	1505. 95
	独立	25	0. 6910	1. 4615	1231. 70	274. 25	1505. 95
120	联合	25	0. 7390	1. 4260	1231. 70	293. 14	1524. 84
	独立	25	0. 7390	1. 4260	1231. 70	293. 14	1524. 84
150	联合	25	0. 7830	1. 3949	1231. 70	310. 88	1542. 58
	独立	25	0. 7830	1. 3949	1231. 70	310. 88	1542. 58

表7.10　不同 s_i 下的结果比较

Δs_i/%	补货策略	被选客户点	补货周期	安全库存因子	选址成本	补货成本	总成本
-90	联合	10；27	0. 3330；0. 3330	2. 1582；1. 5304	1602. 50	278. 64	1881. 14
	独立	10；27	1. 0000；0. 3460	1. 6806；1. 5108	1602. 50	347. 15	1949. 65
-60	联合	10；27	0. 3440；0. 3440	2. 1452；1. 5138	1602. 50	288. 41	1890. 91
	独立	10；27	1. 0000；0. 3510	1. 6806；1. 5035	1602. 50	352. 65	1955. 15
-30	联合	10；27	0. 3560；0. 3560	2. 1315；1. 4962	1602. 50	297. 86	1900. 36
	独立	10；27	1. 0000；0. 3550	1. 6806；1. 4976	1602. 50	358. 11	1960. 61
0	联合	10；27	0. 3670；0. 3670	2. 1192；1. 4804	1602. 50	307. 01	1909. 51
	独立	10；27	1. 0000；0. 3590	1. 6806；1. 4918	1602. 50	363. 52	1966. 02
30	联合	10；27	0. 3770；0. 3770	2. 1084；1. 4663	1602. 50	315. 90	1918. 40
	独立	10；27	1. 0000；0. 3640	1. 6806；1. 4846	1602. 50	368. 89	1971. 39
60	联合	10；27	2 * 0. 3540；0. 3540	1. 8403；1. 4991	1602. 50	323. 15	1925. 65
	独立	10；27	1. 0000；0. 3680	1. 6806；1. 4790	1602. 50	374. 23	1976. 73

续表

$\Delta s_i/\%$	补货策略	被选客户点	补货周期	安全库存因子	选址成本	补货成本	总成本
90	联合	10；27	2 * 0.3610；0.3610	1.8315；1.4889	1602.50	329.41	1931.91
	独立	10；27	1.0000；0.3720	1.6806；1.4733	1602.50	379.53	1982.03
120	联合	10；27	2 * 0.3670；0.3670	1.8241；1.4804	1602.50	335.56	1938.06
	独立	10；27	1.0000；0.3760	1.6806；1.4677	1602.50	384.80	1987.30
150	联合	10；27	2 * 0.3750；0.3750	1.8143；1.4691	1602.50	341.59	1944.09
	独立	10；27	1.0000；0.3800	1.6806；1.4622	1602.50	390.03	1992.53

表 7.11　不同 h_i 下的结果比较

$\Delta h_i/\%$	补货策略	被选客户点	补货周期	安全库存因子	选址成本	补货成本	总成本
-90	联合	12；30	0.4720；0.4720	1.8323；2.3548	1445.10	244.49	1689.59
	独立	12；30	0.4720；1.0000	1.8323；2.3333	1445.10	289.51	1734.61
-60	联合	11；30	0.8620；0.8620	2.3286；2.3286	1631.90	143.64	1775.54
	独立	11；30	1.0000；1.0000	2.2724；1.7593	1631.90	190.22	1822.12
-30	联合	11；30	0.6520；0.6520	2.2215；1.6975	1631.90	190.11	1822.01
	独立	11；30	0.9650；0.7780	2.0648；1.6122	1631.90	248.34	1880.24
0	联合	11；30	0.5450；0.5450	2.1517；1.6118	1631.90	227.31	1859.21
	独立	11；30	0.8080；0.6510	1.9901；1.5228	1631.90	296.91	1928.81
30	联合	11；30	0.4780；0.4780	2.0989；1.5464	1631.90	259.24	1891.14
	独立	11；30	0.7010；0.5830	1.9387；1.4438	1634.20	336.27	1970.47
60	联合	11；30	0.4350；0.4350	2.0524；1.4884	1634.20	285.25	1919.45
	独立	11；30	0.6320；0.5260	1.8934；1.3877	1634.20	373.12	2007.32
90	联合	11；30	0.3990；0.3990	2.0169；1.4436	1634.20	310.90	1945.10
	独立	11；30	0.5800；0.4830	1.8554；1.3402	1634.20	406.65	2040.85
120	联合	11；30	0.3710；0.3710	1.9858；1.4042	1634.20	334.60	1968.80
	独立	11；30	0.5390；0.4490	1.8226；1.2990	1634.20	437.62	2071.82
150	联合	11；30	0.3480；0.3480	1.9586；1.3696	1634.20	356.73	1990.93
	独立	11；30	0.5050；0.4210	1.7941；1.2628	1634.20	466.56	2100.76

从表 7.9 ~ 表 7.11 的结果可以看出：①当补货过程中的相关参

数在以上范围内波动时，随着主要订货成本 S 和次要订货成本 s_i 的增加，补货周期延长；随着库存持有成本 h_i 的增加，补货周期缩短。②当 S、s_i 和 h_i 在以上范围内波动时，直接影响补货策略，对选址决策影响甚微。③当 DC 数量为 1 时，JR 策略与 IR 策略效果相同；一旦 DC 数量大于 1，JR 策略总是优于 IR 策略。

7.5　本章小结

考虑到现实中客户需求难以准确估计，本章在第 6 章的基础上，研究了随机需求下的 JR-LIP 模型。为了对 LIP 问题中的联合补货策略效果进行分析，本章同时构建了基于独立补货的 LIP（IR-LIP）模型，通过算例和参数敏感性分析，对两种补货策略下的 LIP 模型进行对比，一方面分析不同补货策略下的优化效果；另一方面分析模型中各参数对策略的影响，为企业决策提供相应的辅助支持。

算例分析中，模型的求解仍然使用本书提出的 HSDE 算法，通过求解不同规模的不同测试问题，可以得出 HSDE 在不进行算法参数测试的基础上，对不同的问题求解质量均优而且收敛速度更快。

两种补货策略下 LIP 优化模型的对比分析以及模型参数敏感性分析验证了：①JR 策略在 LIP 问题中的优势，但是考虑到实施 JR 策略需要额外的成本，因此，在现实运作中，可以综合 JR 策略下

LIP 节约成本的幅度以及实施 JR 策略的额外成本，合理做出对应的决策。②战略层决策的变动对战术、运作层有直接的影响；反之影响甚微（表 7.8 ~ 表 7.11 中，一旦选址决策变化，补货库存决策随之变动；但是补货库存决策的变化对选址决策几乎无影响）。

尽管本章在研究 JR-LIP 时，通过对安全库存因子 z_i 的最优性质分析，消除了一组决策变量，提高了算法的性能，但是在确定剩余决策变量的界限时仍然是根据其他学者的经验设置，缺少数学分析。此外，模型中配送阶段的运输费用，只考虑了 DC 到客户之间的距离，没有考虑各个客户之间的距离。在后续的研究中，将一方面从求解方案上，另一方面从模型构建上，分别对现有研究进行扩展。

第8章 总结与展望

8.1 总结

补货、配送、选址是供应链中三个核心问题，分别对应不同的管理层决策，每个过程的决策对其他决策都产生影响，协同不同过程的物流活动，具有重要的理论与现实意义。鉴于联合补货策略在库存领域发挥的重要作用，本书以联合补货策略为切入点，重点研究基于联合补货策略的配送调度、选址—库存优化问题，并寻求高效的求解算法。

本书以联合补货问题为研究对象，在对经典联合补货问题及其横向扩展问题综述的基础上，分别从运作层、战略层对联合补货纵向扩展的协同优化问题进行分析总结，并简要概述了目前联合补货相关问题的主要求解方法。在文献研究的基础上，结合现实运作特点，分析现实中物流运作中的影响因素，构建了4种供应链协同优化模型，运用目前流行的智能优化算法对4种扩展问题进行分析求解，主要研究结论和创新之处包括以下几个方面：

（1）在综述差分进化改进和应用的基础上，从两方面对算法进行改进，一方面增加算法的随机扰动能力，避免针对不同优化问题，重复繁重的手工参数测试工作；另一方面改进DE算法一对一的选择运算，加快收敛速度。第3章的标准benchmark测试、JRP问题测试以及后续章节的优化问题求解，分别从求解质量、稳定性、求解时间方面验证了本书所提算法的改进效果，证明了该算法是求解复杂协同优化问题的一种合理选择。

（2）考虑到异质物品联合运输会增加额外设备成本的现实，研究了带分组约束的联合补货—配送协同优化问题，并成功运用改进的差分进化算法求解模型。结果证明，本书提出的混合自适应差分进化算法不进行手工参数设置即可获得与其他算法相同近似最优解，且具备更好的稳定性。该模型模拟了更贴合现实的配送模式，为类似的实际运作提供了有效的辅助决策。

（3）将物品配送的车辆路径问题纳入联合补货与配送协同优化问题，构建了非线性配送成本下带车辆路径的联合补货与配送协同优化模型。针对该问题，提出两步法求解策略。第一步，求解并保存所有可能客户集的最短配送路径；第二步，匹配客户集调用最短配送路径求解JRD模型，该求解方案可大量缩短求解时间。此外，与带路径成本的独立配送策略进行对比，分析了联合配送策略的应用效果，对比结果说明，当中心仓库与各客户点之间的距离明显大于各客户点之间的距离时，联合配送策略优于独立配送策略。

（4）目前现有 JR-LIP 模型的求解算法更适合求解给定开放 DC 数量的问题，而现实的选址问题，事先是无法确定开放多个 DC 的，在此背景下，本书新增了一组决策变量用以随机确定 DC 的开放数量，并提出了高效的智能优化算法，探讨该问题新的求解思路。

（5）鉴于客户需求难以准确估计的现实，考虑了随机需求下基于联合补货策略的选址—库存优化模型，不同规模的随机测试问题进一步验证了改进 DEs 的鲁棒性和高效性。此外，探讨了联合补货策略在选址—库存优化问题中发挥的作用，算例结果验证了当配送中心多于 1 时，联合补货策略总是优于独立补货策略，同时成本参数的敏感性分析揭示战略层选址决策的变化会直接导致库存、补货决策的改变。

8.2 研究展望

联合补货问题本身已是 NP-hard 问题，其纵向扩展的协同优化问题更为复杂，求解难度很大，而且某些现实约束很难抽象成数学模型。在文献研究的基础上，本书对联合补货与配送、库存—选址的协同优化进行了研究，取得了初步的成果。未来研究工作可以围绕两个方面展开：探讨更能反映经济管理运作实际的扩展问题；寻求更有效的求解算法，集成新的智能优化算法优势，提高算法求解质量。具体可以从以下几个方面进行更深入的研究。

（1）本着循序渐进的原则，本书现阶段的模型构建，没有考虑现实中成本参数的不确定性（例如订货成本、缺货成本等）以及资源约束条件（运输容量、资金约束等）。后续可以更系统地分析不确定环境下基于联合补货的纵向扩展协同优化问题，构建更符合现实的模型。

（2）JRD 和 JR-LIP 模型中涉及多个利益主体，本书的优化模型以总成本最小化为目标，只是单纯分析 JR 策略的优势，没有考虑 JR 策略节约的成本如何在多个利益主体间分配的博弈关系，后续的研究可以关注该方向的拓展。

（3）本书有关联合补货问题的研究，均以单物品为研究对象，即假设一种物品不能同时被多个客户（零售商）需要，该假设过于严苛，后续可以考虑多物品的 JRD 以及 JR-LIP。

（4）改进的混合自适应差分进化算法尽管可以通过随机扰动，跳出局部最优解，但是在控制随机性方面缺乏相应的机制。后续可以在研究新型算法（果蝇算法、量子进化算法等）机理的基础上，分析优势与弊端，探索与差分进化算法的融合方向，进一步对差分进化算法进行优化，提高其应用效果，进一步探索其应用领域。

参考文献

[1] ARKIN E, JONEJA D, Roundy R, 1989. Computational complexity of uncapacitated multi-echelon production planning problems [J]. Operations Research Letters, 8 (2): 61-66.

[2] ATKINS DR, IYOGUN P, 1988. Periodic versus can-order policies for coordinated multi-item inventory systems [J]. Management Science, 34: 791-796.

[3] BENTON W, PARK S, 1996. A classification of literature on determining the lot size under quantity discounts [J]. European Journal of Operational Research, 92 (2): 219-238.

[4] BENTON W, 1991. Quantity discounts under conditions of multiple items, multiple suppliers and resource limitations [J]. International Journal of Production Research, 29 (10): 1953-1961.

[5] BERMAN O, KRASS D, TAJBAKHSH M M, 2012. A coordinated location-inventory model [J]. European Journal of Operational Research, 217 (3): 500-508.

[6] BOCTOR F F, LAPORTE G, RENAUD J, 2004. Models and algorithms for the dynamic-demand joint replenishment problem [J]. International Journal of Production Research, 42 (13): 2667-2678.

[7] BREST J, ZAMUDA A, BOŠKOVIC B, et al, 2006. Self-adapting control parameters in differential evolution: a comparative study on numerical benchmark problems [J]. IEEE Transactions on Evolutionary Computation, 10 (6): 646-657.

[8] BUYUKKARAMIKLI, N C, Gurler U, Alp O, 2014. Coordinated logistics: joint replenishment with capacitated transportation for a supply chain [J]. Production and Operations Management , 23 (1), 110-126.

[9] CHA B C, MOON I K, 2005. The joint replenishment problem with quantity discounts under constant demand [J]. OR Spectrum, 27 (4): 569-581.

[10] CHA B C, MOON I K, PARK J H, 2008. The joint replenishment and delivery scheduling

of the one-warehouse, n-retailer system [J]. Transportation Research Part E-logistics and Transportation Review, 44 (5): 720-730.

[11] CHA B C, Park J H, 2009. The joint replenishment and delivery scheduling involving multiple suppliers offering different quantity discounts [C]. in: CIE: International Conference on Computers and Industrial Engineering. IEEE CS,: 52-56.

[12] CHANG C S, KWAN C M, 2005. Evaluation of evolutionary algorithms for multi-objective train schedule optimization [M]. AI 2004: Advances in Artificial Intelligence. Springer Berlin Heidelberg, 803-815.

[13] CHEN S H, HSIEH C H, 1999. Graded mean integration representation of generalized fuzzy number [J]. Journal of Chinese Fuzzy System, 5 (2): 1-7.

[14] CHIOU J P, CHANG C F, SU C T, 2005. Variable scaling hybrid differential evolution for solving network reconfiguration of distribution systems [J]. IEEE Trans. on Power Systems, 20 (2): 668-674.

[15] CUI L G, WANG L, DENG J, et al, 2013. A New Improved Quantum Evolution Algorithm with Local Search Procedure for Capacitated Vehicle Routing Problem [J]. Mathematical Problems in Engineering, 2013 (3): 1-17.

[16] CUI L G, WANG L, DENG J, 2014. RFID technology investment evaluation model for the stochastic joint replenishment and delivery problem [J]. Expert Systems with Applications, 41 (4), 1792-1805.

[17] CUI L, WANG L, DENG J, et al, 2015. Intelligent algorithms for a new joint replenishment and synthetical delivery problem in a warehouse centralized supply chain [J]. Knowledge-Based Systems, 90 (C): 185-198.

[18] DASKIN M S, COULLARD C R, SHEN Z J, 2002. An inventory-location model: Formulation, solution algorithm and computational results [J]. Annals of Operations Research, 110: 83-106.

[19] DU J X, HUANG D S, WANG X F, et al, 2007. Shape recognition based on neural networks trained by differential evolution algorithm [J]. Neurocomputing, 70 (4-6): 896-903.

[20] DUTTA P, CHAKRABORTY D, ROY A R, 2007. Continuous review inventory model

in mixed fuzzy and stochastic environment [J]. Applied Mathematics and Computation, 188: 970-980.

[21] ERENGUC S S, MERCAN H M, 1990. A multifamily dynamic lot-sizing model with coordinated replenishments [J]. Naval Research Logistics, 37: 539-558.

[22] EYNAN A, KROPP D H, 1998. Periodic review and joint replenishment in stochastic demand environments [J]. IIE Transactions, 30 (11): 1025-1033.

[23] EYNAN A, KROPP D H, 2007. Effective and simple EOQ-like solutions for stochastic demand periodic review systems [J]. European Journal of Operational Research, 180: 1135-1143.

[24] FEDERGRUEN A, MEISSNER J, TZUR M, 2007. Progressive interval heuristics for multi-item lot-sizing problems [J]. Operations Research, 55 (3): 490-502.

[25] FUNG R, MA X, 2001. A new method for joint replenishment problems [J]. Journal of the Operational Research Society, 52 (3): 358-362.

[26] GÄMPERLE R, MÜLLER S D, KOUMOUTSAKOS P, 2002. A parameter study for differential evolution [C]. In: Proceedings of the conference in neural networks and applications (NNA), fuzzy sets and fuzzy systems (FSFS) and evolutionary computation (EC), WSEAS: 293-298.

[27] GLOVER F, 1989. Tabu search-part I [J]. ORSA Journal on computing, 1 (3): 190-206.

[28] GOYAL S K, 1973. Determination of economic packaging frequency for items jointly replenished [J]. Management Science, 20 (2): 232-235.

[29] GOYAL S K, 1974. Determination of optimum packaging frequency of items jointly replenished [J]. Management Science, 21 (4): 436-443.

[30] HANDFIELD R, WARSING D, WU X M, 2009. (Q, r) inventory policies in a fuzzy uncertain supply chain environment [J]. European Journal of Operational Research, 197 (2): 609-619.

[31] HARIGA M, 1994. Two new heuristic procedures for the joint replenishment problem [J]. Journal of the Operational Research Society, 45: 463-471.

[32] HE D, WANG F, MAO Z, 2008. A hybrid genetic algorithm approach based on defer-

ential evolution for economic dispatch with valve-point effect [J]. Electrical Power and Energy Systems, 30 (1): 31-38.

[33] HONG S P, KIM Y H, 2009. A genetic algorithm for joint replenishment based on the exact inventory cost [J]. Computer & Operations Research, 36 (1): 167-175.

[34] HOQUE M A, 2006. An optimal solution technique for the joint replenishment problem with storage and transport capacities and budget constraints [J]. European Journal of Operational Research, 175 (2): 1033-1042.

[35] JONEJA D, 1990. The joint replenishment problem: new heuristics and worst case performance bounds [J]. Operations Research, 38 (4): 711-723.

[36] KANG J H, KIM Y D, 2010. Inventory replenishment and delivery planning in a two-level supply chain with compound Poisson demands, The International Journal of Advanced Manufacturing Technology, 49 (9): 1107-1118.

[37] KAO, E P C, 1979. A multi-product dynamic lot-size model with individual and joint setup costs [J]. Operations Research, 27 (2): 279-289.

[38] KAO C, HSU W K, 2002. Lot size-reorder point inventory model with fuzzy demands [J]. Computers and Mathematics with Applications, 43 (10-1): 1291-1302.

[39] KASPI M, Rosenblatt, M J, 1991. On the economic ordering quantity for jointly replenishment items [J]. International Journal of Production Research, 29 (1): 107-114.

[40] KHOUJA M, GOYAL S, 2008. A review of the joint replenishment problem literature: 1989-2005 [J]. European Journal of Operational Research, 186 (1): 1-16.

[41] KHOUJA M, MICHALEWICZ M, SATOSKAR S, 2000. A comparison between genetic algorithms and the RAND method for solving the joint replenishment problem [J]. Production Planning and Control, 11 (6): 556-564.

[42] KRARUP J, PRUZAN P M, 1983. The simple plant location problem: survey and synthesis [J]. European Journal of Operational Research, 12 (1): 36-81.

[43] KRINK T, PATERLINI S, RESTI A, 2007. Using differential evolution to improve the accuracy of bank rating systems [J]. Computational Statistics & Data Analysis, 52 (1): 68-87.

[44] LIN W Y, 2010. A GA-DE hybrid evolutionary algorithm for path synthesis of four-bar linkage [J]. Mechanism and Machine Theory, 45 (8): 1096-1107.

[45] LIU J, LAMPINEN J, 2002. On setting the control parameter of the differential evolution algorithm [C]. In: Proceedings of the 8th international Mendel conference on soft computing: 11-18.

[46] LU L, POSNER M E, 1994. Approximation procedures for the one-warehouse multi-retailer system [J]. Management Science, 40 (10): 1305-1316.

[47] LIU R , ZENG Y R , QU H , et al, 2018. Optimizing the new coordinated replenishment and delivery model considering quantity discount and resource constraints [J]. Computers & Industrial Engineering, 116: 82-96.

[48] MALLIPEDDI R, SUGANTHAN P N, 2008. Empirical study on the effect of population size on differential evolution algorithm [C]. In: Proceedings of the IEEE congress on evolutionary computation: 3663-3670.

[49] MINNER S, SILVER E A, 2005. Multi-product batch replenishment strategies under stochastic demand and a joint capacity constraint [J]. IIE Transactions, 37 (5): 469-479.

[50] MOON I K, CHA B C, 2006. The joint replenishment problem with resource restriction [J]. European Journal of Operational Research, 173 (1): 190-198.

[51] MOON I K, CHA B C, LEE C U, 2011. The joint replenishment and freight consolidation of a warehouse in a supply chain [J]. International Journal of Production Economics, 133 (1): 344-350.

[52] MOON I K, GOYAL S K, CHA B C, 2008. The joint replenishment problem involving multiple suppliers offering quantity discounts [J]. International Journal of Systems Science, 39 (6): 629-637.

[53] NARAYANAN A, ROBINSON E P, 2006. More on 'Models and algorithms for the dynamic-demand joint replenishment problem' [J]. International journal of production research, 44 (2): 383-397.

[54] NERI F, TIRRONEN V, 2010. Recent advances in differential evolution: a survey and experimental analysis [J]. Artificial Intelligence Review, 33 (1-2): 61-106.

[55] NILSSON A, SEGERSTEDT A, VAN DER SLUIS E, 2007. A new iterative heuristic to solve the joint replenishment problem using a spreadsheet technique [J]. International Journal of Production Economics, 108 (1): 399-405.

[56] NOBAKHTI A, WANG H, 2008. A simple self-adaptive Differential Evolution algorithm with application on the ALSTOM gasifier, Applied Soft Computing 8 (1): 350-370.

[57] OLSEN A L, 2005. An evolutionary algorithm to solve the joint replenishment problem using direct grouping [J]. Computers & Industrial Engineering, 48 (2): 223-235.

[58] ONWUBOLU G, DAVENDRA D, 2006. Scheduling flow shops using differential evolution algorithm [J]. European Journal of Operational Research, 171 (2): 674-692.

[59] OZSEN L, COULLARD C R, DASKIN M S, 2008. Capacitated warehouse location model with risk pooling [J]. Naval Research Logistics, 55: 295-312.

[60] PAN Q K, WANG L, QIAN B, 2009. A novel differential evolution algorithm for bi-criteria no-wait flow shop scheduling problems [J]. Computers & Operations Research, 36: 2498-2511.

[61] PAT A, HOTA A R, Singh A, 2011. Quantum-Inspired Differential Evolution on Bloch Coordinates of Qubits [C]. In Advances in Computing, Communication and Control, Springer Berlin Heidelberg, 125: 18-24.

[62] PIRKUL H, ARAS O, 1985. Capacitated multiple items ordering problem with quantity discounts [J]. IIE Transactions, 17: 206-211.

[63] PORRAS E, DEKKER R, 2006. An efficient optimal solution method for the joint replenishment problem with minimum order quantities [J]. European Journal of Operational Research, 174 (3): 1595-1615.

[64] PORRAS E, DEKKER R, 2008. A solution method for the joint replenishment problem with correction factor [J]. International Journal of Production Economics, 113 (2): 834-851.

[65] QIAN W Y, LI A J, 2008. Adaptive differential evolution algorithm for multi-objective optimization problems [J]. Applied Mathematics and Computation, 201 (1-2): 431-440.

[66] QU W W, BOOKBINDER J H, Iyogun P, 1999. An Integrated inventory-transportation system with modified periodic policy for multiple products [J]. European Journal of Operational Research, 115 (2): 254-269.

[67] QU H, WANG L, ZENG Y R, 2013. Modeling and optimization for the joint replenishment and delivery problem with heterogeneous items [J]. Knowledge-Based Systems, 54: 207-215.

[68] QU H, WANG L, LIU R, 2015. A contrastive study of the stochastic location-inventory problem with joint replenishment and independent replenishment [J]. Expert Systems with Applications, 42 (4): 2061-2072.

[69] SHEN Z J, COULLARD C, DASKIN M S, 2003. A joint location-inventory model [J]. Transportation Science, 37 (1): 40-55.

[70] SHEN Z J. M, QI L, 2007. Incorporating inventory and routing costs in strategic location models [J]. European Journal of Operational Research, 179: 372-389.

[71] SHU F T, 1971. Economic ordering frequency for two items jointly replenished [J]. Management Science, 17 (6): B406-B410.

[72] SHU J, TEO C P, SHEN Z J, 2005. Stochastic transportation-inventory network design problem [J]. Operations Research, 53 (1): 48-60.

[73] SILVA F, GAO L, 2013. A joint replenishment inventory-location model [J]. Networks and Spatial Economics, 13 (1): 107-122.

[74] SILVER E A, 1976. A simple method of determining order quantities in joint replenishments under deterministic demand [J]. Management Science, 22 (12): 1351-1361.

[75] SILVER E A, 1979. Coordinated replenishments of items under time-varying demand: Dynamic programming formulation [J]. Naval Research Logistics Quarterly, 26 (1): 141-151.

[76] SILVER E A, 2004. An overview of heuristic solution methods [J]. Journal of the operational research society, 55 (9): 936-956.

[77] SINDHUCHAO S, ROMEIJN H E, AKCALI E, et al, 2005. An integrated inventory-routing system for multi-item joint replenishment with limited vehicle capacity [J]. Journal of Global Optimization, 32: 93-118.

[78] SNYDER L V, DASKIN M S, TEO C P, 2007. The stochastic location model with risk pooling [J]. European Journal of Operational Research, 179: 1221-1238.

[79] STARR M K, MILLER, D W, 1962. Inventory control: theory and practice [J]. Prentice Hall, Englewood Cliffs, NJ.

[80] STORN R, PRICE K, 1997. Differential evolution-a simple and efficient heuristic for global optimization over continuous spaces [J]. Journal of global optimization, 11 (4): 341-359.

[81] SU H, YANG Y, 2008. Quantum-inspired differential evolution for binary optimization [C]. In Proceedings of IEEE International Conference on Natural Computation (ICNC'08), 1: 341-346.

[82] TEO C P, OU J, GOH M, 2001. Impact on inventory costs with consolidation of distribution centers [J]. IIE Transactions, 33: 99-110.

[83] VAN EIJS, M J G, HEUTS R M J, KLEIJNEN J P C, 1992. Analysis and comparison of two strategies for multi-item inventory systems with joint replenishment costs. European Journal of Operations Research, 59 (3): 405-412.

[84] VARADARAJAN M, SWARUP K S, 2008. Differential evolution approach for optimal reactive power dispatch [J]. Applied Soft Computing, 8 (4): 1549-1561.

[85] VISWANATHAN S, 1996. A new optimal algorithm for the joint replenishment problem [J]. Journal of the Operational Research Society, 47: 936-944.

[86] VISWANATHAN S, MATHUR K, 1997. Integrating routing and inventory decisions in one-warehouse multiretailer multiproduct distribution systems [J]. Management Science, 43 (3): 294-312.

[87] WAGNER H M, WHITIN T M, 1958. Dynamic version of the economic lot size model [J]. Management science, 5 (1): 89-96.

[88] WANG, F K, DU, T, 2014. Implementing support vector regression with differential evolution to forecast motherboard shipments [J]. Expert Systems with Applications, 41 (8): 3850-3855.

[89] WANG L, HE J, ZENG Y R, 2012a. A differential evolution algorithm for joint replenishment problem using direct grouping and its application [J]. Expert Systems,

29 (5): 429-441.

[90] WANG L, HE J, WU D S, et al, 2012b. A novel differential evolution algorithm for joint replenishment problem under interdependence and its application [J]. International Journal of Production Economics, 135 (1): 190-198.

[91] WANG L, FU Q L, ZENG Y R, 2012c. Continuous review inventory models with a mixture of backorders and lost sales under fuzzy demand and different decision situations [J]. Expert Systems with Applications, 39 (4): 4181-4189.

[92] WANG L, DUN C X, BI W J, 2012d, et al. An effective and efficient differential evolution algorithm for the integrated stochastic joint replenishment and delivery model [J]. Knowledge-Based Systems, 36: 104-114.

[93] WANG L, DUN C X, LEE C G, et al, 2013b. Model and algorithm for fuzzy joint replenishment and delivery scheduling without explicit membership function [J]. International Journal of Advanced Manufacturing Technology, 66 (9-12): 1907-1920.

[94] WANG L, FU Q L, LEE C G, et al, 2013a. Model and algorithm of fuzzy joint replenishment problem under credibility measure on fuzzy goal [J]. Knowledge-Based Systems, 39: 57-66.

[95] WANG L, QU H, LI Y H, et al, 2013c. Modeling and optimization of stochastic joint replenishment and delivery scheduling problem with uncertain costs [J]. Discrete Dynamics in Nature and Society, 2013c.

[96] WANG L, QU H, CHEN T, et al, 2013d. An effective hybrid self-adapting differential evolution algorithm for the joint replenishment and location-inventory problem in a three-level supply Chain [J]. The Scientific World Journal, 2013d.

[97] WANG L, QU H, LIU S, et al, 2013e. Modeling and optimization of the multi-objective stochastic joint replenishment and delivery problem under supply chain environment [J]. The Scientific World Journal, 2013.

[98] WANG, L, ZENG Y, CHEN T, 2015. Back propagation neural network with adaptive differential evolution algorithm for time series forecasting [J]. Expert Systems with Applications, 42 (2): 855-863.

[99] WANG Y J, ZHANG J S, ZHANG G Y, 2007. A dynamic clustering based differential

evolution algorithm for global optimization [J]. European Journal of Operational Research, 183 (1): 56-73.

[100] XU Q, GUO J, 2010. A quantum differential evolution algorithm for function optimization [C]. In Proceedings of IEEE International Conference on Computer Application and System Modeling (ICCASM), 8: 347-350.

[101] YAO J S, LEE H M, 1996. Fuzzy inventory with backorder for fuzzy order quantity [J]. Information Sciences, 93 (3-4): 283-319.

[102] YAO J S, LEE H M, 1998. Economic production quantity for fuzzy demand quantity and fuzzy production quantity [J]. European Journal of Operational Research, 109 (1): 203-211.

[103] ZHANG G, 2011. Quantum-inspired evolutionary algorithms: a survey and empirical study [J]. Journal of Heuristics, 17: 303-351.

[104] ZHENG T, Yamashiro M, 2010. Solving flow shop scheduling problems by quantum differential evolutionary algorithm [J]. The International Journal of Advanced Manufacturing Technology, 49 (5-8): 643-662.

[105] 陈宝林，1989. 最优化理论与算法 [M]. 北京：清华大学出版社.

[106] 陈璨，2011. 基于联合补货策略的供应链协同模型研究 [D]. 武汉：华中科技大学.

[107] 崔利刚，邓洁，王林，等，2018. 基于改进联合采购及配送模型的 RFID 投资决策研究 [J]. 中国管理科学，2018，26 (5).

[108] 丛明煜，王丽萍，2003. 现代启发式算法理论研究 [J]. 高技术通讯，13 (5)：105-110.

[109] 顿彩霞，2012. 随机需求联合补货与配送调度模型—基于差分进化算法的研究 [D]. 武汉：华中科技大学.

[110] 贺靖，2010. 基于差分进化算法的联合补货模型研究 [D]. 武汉：华中科技大学.

[111] 胡中波，熊盛武，胡付高，等，2007. 改进的差分演化算法及其在函数优化中的应用 [J]. 武汉理工大学学报，29 (4)：125-128.

[112] 李成严，徐晓飞，战德臣，2008. 模糊资源约束的联合补货问题 [J]. 计算机

集成制造系统，14（1）：113-117.

［113］欧阳强国，王林，王道平，等，2010. 资金和存储能力约束下基于改进差分进化算法的联合采购模型研究［J］. 管理学报，7（6）：879-884，915.

［114］石渊龙，2016. 联合采购策略下的选址—库存—配送协同优化模型与智能算法研究［D］. 武汉：华中科技大学.

［115］王林，陈璨，曾宇容，2011a. 资源约束情况下随机性联合采购模型的差分进化算法［J］. 计算机集成制造系统，17（7）：1541-1546.

［116］王林，陈晓溪，曾宇容，2011b. 模糊订货费用下基于差分进化算法的联合补货模型［J］. 计算机集成制造系统，17（12）：2675-2682.

［117］王林，富庆亮，曾宇容，2011c. 求解模糊相关机会规划模型的混合差分进化算法［J］. 控制与决策，26（9）：1358-1362.

［118］王凌，2001. 智能优化算法及其应用［M］. 北京：清华大学出版社.

［119］吴亮红，王耀南，陈正龙，2007. 求解混合整数非线性规划问题的改进差分进化算法［J］. 小型微型计算机系统，28（4）：666-669.

［120］张丽平，2005. 粒子群优化算法的理论及实践［D］. 杭州：浙江大学.